検証●全国学力調査

悉皆式を止め、抽出式で3年に一度で

吉益敏文・濵田郁夫・久冨善之
・教育科学研究会　編

はじめに――子どもと向き合う教育実践と学校づくりに出発するために

「先生、今日は練習ですか、本番ですか?」

4月に全国学力調査*のための過去問題集を毎日のようにやらされている子どもの声です。

「○○中学は全国学力調査の結果はいいらしいけど『いじめ』が多いそうだから今年は大丈夫かしら?」

新学期がはじまり不安そうな保護者のつぶやきです。

「教員評価にひびくから全国学力調査の過去問題集をそれなりに授業で練習して平均点がすこしでもアップできたらいいな」

本意ではないけれど調査の結果が給料に影響するのであきらめ気味の教職員の会話です。

「今回の全国学力調査、△県にはまけないように所轄の校長に徹底しよう」

ある教育委員会の「叱咤激励」の声です。

こうした会話やつぶやきは全国学力調査が悉皆で実施される4月に全国のいたるところで語られています。「なにかおかしい」とそれぞれの立場からみな考えていますが悉皆調査が毎年行われ、マスコミから発表される順位に一喜一憂しています。

今回の緊急出版にこめた私たち編者の共通の思いは、「全国学力調査は悉皆で行うことは必要ありません、抽出調査で十分です。ですから抽出調査に変えるべきです」という主張です。誤解をおそれずにいえば全国学力調査のような形は本来の目的＝「全国的な義務教育の機会均等とその水準の維持向上の観点から、各地域における児童生徒の学力・学習状況を把握・分析することにより、教育及び教育施策の成果と課題を検証し、その改善を図るため」に実施すればよいということです。その本来の主旨が全国悉皆調査によってねじ曲げられているのだから抽出調査で本来の目的は達成されるし、平均点競争などの問題は起こらないということです。

本書の構成は大きく六つの柱で成り立っています。

第1章は全国学力悉皆調査実施が、これまでの学校教育をいかに破壊し、子ども・教師を苦しめてきたのかを明らかにしています。単なる現状報告だけではなくこの調査が学校スタンダードとリンクしてマジックのように学校に貫徹されていることを示し、さらにはこの調査を実施するにあたっての教職員の本音や苦悩が語られています。

第2章は全国の小中学校の現場からの声、手記が集約されています。教職員だけでなく保護者、ソーシャルワーカー、教職員組合など多方面から現状と問題点、今後の改善の視点が縦横に語られています。

第3章は、1章、2章を参照しながら2020年4月コロナ禍において全国学力調査が実施されなかったことによりどのような変化が起きたのか、よかったことは何なのか、アンケート調査や聞き取りで明らかにしています。第2章の声・手記の分析も含めて論述しています。そこには「全国学力調査がなかったのでじっくり子どもと向き合うことができた。中止になっても何も困らなかった」という声であふれています。しかしながら全国調査が中止になってもそれぞれの地方レベルにおいては独自の調査が実施されているという矛盾も明らかになっています。コロナ禍という特別な状況においても全国の教職員が手探りで子どもたちや保護者と向き合い小さな学校づくりをスタートさせている状況も示されています。

第4章は全国学力調査の悉皆実施は、なぜ競争を誘発するのかを理論的に明らかにしています。各県、各市町村、各学校を「平均点で比較する（順位をつける）」とどういう競争と教育支配が生じるのかを明らかにしました。そして悉皆調査でなく何故抽出調査でいいのかも提起しています。

第５章は戦後日本の学力調査を歴史的に検討します。抽出調査の妥当性を、戦後史を検証しながら明らかにしています。具体的には戦後史の時代区分を五つにわけそれぞれの時代の歴史的事実から検証しています。

その後につづく特別寄稿では文科省が今後全国学力調査をコンピュータで実施しようとしている動き（CBT）についてその問題点を明らかにしています。技術面と情報活用能力という概念が何か、という観点から鋭い問題提起をしています。

第６章は学力調査悉皆実施では学力が育たないという問題提起を教育学の立場から論究しています。学力調査悉皆実施で何が可視化されたのか、それにともない教育実践はどのような実態になったのか、PISA型学力、OECDキー・コンピテンシーがいかに変質していったのか、「基礎」としての学力と知識をいかに捉えるのか、子どもにどんな力をどんなふうに伸ばしてほしいのか、まさに教育とは何かを問う鋭い論稿です。

結びは、第１章から第６章までで何が明らかになったのか三人（吉益、濱田、久冨）で語りあったことを五つの柱でまとめています。今まで述べたことをふまえながら新たに専門家委員会の独立性と公開性を担保にした「全国学力調査の専門家会議」の設立の提起をしています。

緊急出版という性格もふまえながら本書に込めた私たちが提起した内容が全国の教職員、対人援助職、保護者のみなさまに、そして子どもたちのすこやかな成長を願うみなさまに読まれて忌憚のない意見を活発に交わしていただくことを願っています。

そのことが、子どもたちの願いの実現とその必要に応える小さな教育実践と学校づくりの出発点になることを確信しながら。

２０２０年12月

吉益　敏文

＊本書は「全国学力テスト」という用語は使っていません。それは「全国学力・学習状況調査」が正確な名称だからです。児童・生徒たちの学習達成状況を把握することがその本来の目的です。したがって本来の意味からはずれる「学力テスト」は使わずに「全国学力調査」という用語で統一しました。

もくじ

第1章 毎年・悉皆の「全国学力調査」は3年に一度の抽出で

濵田　郁夫

1　全国学力調査の風景

(1) 第1回目のことを思い出してみよう──その「目的」をめぐって

「全国学力学習状況調査」（以下「全国学力調査」）が始まったのは2007年。途中で抽出調査（2010、2012年）になったり、東日本大震災のために不実施（2011年）になったりということもあったが、10年を超えて継続されているということに驚きを感じる。

「全国学力調査」の第1回目の目的は次のようなものであった。「(1)全国的な義務教育の機会均等とその水準の維持向上の観点から、各地域における児童生徒の学力・学習状況を把握・分析することにより、教育及び教育施策の成果と課題を検証し、その改善を図る。(2)各教育委員会、学校等が全国的な状況との関係において自らの教育及び教育施策の成果と課題を把握し、その改善を図る」（傍点筆者）。

読んでわかる通り、一つ目は教育施策の検証ということで、主に文科省の教育政策の検証のためということである。二つ目は主に現場サイドの施策の検証ということと読める。そして、一点目についての検証はほぼなされず、二点目の検証に課題解決の矛先が集中されている。これは、私の主観であるけれども、全国どこの学校の先生方も感じておられると確信している。当初は、このように二つに整理して記述されていたが、現在は、それはあたかも一点目の課題を隠すかのようにひと塊りに記述されている(1)。

(2)「ある日」の風景

全国学力調査が実施される日には、学校現場には緊張感が漂う。2、3日前に「調査用紙」が受取人指定の宅配便でやってくる。校長は、恭しく受け取り金庫に保管する。前日の放課後には職員会がもたれ、子どもたちの健康状態などが確認される。すでにその時点からイヤなムードが流れ始めている。当日の手順が確認され、最後に「くれぐれも無回答がないように」と念押しがされる。

ある小学校の教員は次のような手記を書いている。

> 春休みの宿題やテストの前の週の放課後学習の課題は前年までの過去問。正確に回答できるようになるまで何度も繰り返し練習させる。授業中に何度も練習させることもある。前日までに管理職がテスト監督にあたる6年生の担任に、テストの実施方法を確認する。
>
> 6年生の解き終わったテストが職員室に帰って着次第、管理職、支援員、事務職等授業をしていない職員が総がかりで裏表のコピーを全員分とる。その日の午後は、全教職員で赤ペンを持ち、コピーされた答案用紙と向き合う。無答はないか、誤答は回答類型の何番か、検討する。
>
> 採点が済むころ、「できれば今日のうちに、子どもたちの解答の傾向、課題、考えられる対策などについて、各グループで検討の上、市教委指定の様式に記入をお願いします」と研究主任が言いにくそうに発言する。
>
> 夏休みに結果が返ってくると、自校採点との開きや類型の判断ミスが問題にされる。課題と対策についてさらに検討し、市教委に報告する。
>
> これがある小学校の実態です。4年5年生に実施されている「県版学テ」もほぼ同じような状況で、果たしてこれが本当に子どものためになっているのでしょうか。ある教員が「ボーっと考え込んでいる子どもの耳元で『何も書かないで空欄はいけません』って言ったら、たまたま正解の番号を書いてくれました」と言ってうれしそうでした。子どもの実力を知り、教師が自身の実践を振り返るためのテストをしたいです。全国学力調査、もうたくさんです。(「学びの意欲を奪う学力テスト体制(高知民研だよりNo.67)」高知県民主教育研究所、2019年8月)

この手記は、何か特別な学校のように感じるかもしれないが、多くの教員から「うちの学校も同じような状況だ」と共感が寄せられている。同時に考えさせられたのは、「子どもの実力を知り、教師が自身の実践を振り返るためのテストをしたいです」という言葉である。この教員は、「調査」そのものを否定しているのではなく、そのテストをめぐって「過去問」の取り組みや、「調査」の点が上がったり下がったりすることに一喜一憂せざるをえない状況にある自分たちの姿に対して怒っているように思える。このことは、あとでも少し考えたいと思う。

(3)「調査」なのに「目的」になっている

高知県では2012年度より県独自の「学力調査」（以下「県版学力調査」）を始めている[2]。目的は「学力調査等から明らかになった……課題をさらに改善するため……」とされており、「全国学力調査」を意識したものになっている。さらに対象学年は、小学校4年生と5年生、中学校の1年生と2年生であり、実施日も1月であることから考えるならば、意識しているどころではなく、「全国学力調査」の「練習」的な位置づけになっている。

目的の最後には「学力向上検証改善サイクルを確立」するためということも書かれてある。それは「全国学力調査」の結果が出ると、その結果に対する改善の取り組みを行うことになる。そして、その結果に対する取り組みのチェックとして「県版学力調査」を行い、そこで出た課題に取り組むことで、4月の「全国学力調査」に備えるということである。これは、仮に「全国学力調査」が「調査」であることを主張したとしても、結果的には、その「調査」結果を向上させるためにさまざまな取り組みが行われていることから考えるならば、その「調査」はすでに「目的」となっているのである。

2 「過去問」をめぐって

(1)「趣旨に反している」にもかかわらず

10回以上も続けられている「全国学力調査」、学校現場は得点を上げるために毎回必死に取り組んでいる。「全国学力調査」は4月の下旬に実施されることから、3月～4月は当たり前のようだが、なかには3学期になったら4月下旬の「全国学力調査」の取り組みが始まるところもある。計算問題の繰り返し練習がやたら多くなったり、6時間目の後に学習時間が設けられたりする学校もある。その取り組みの一つに過去に出題された問題、いわゆる「過去問」に取り組むことが行われている。

今では、当たり前の風景になっているが、私たちの地域では2年目まではほとんど取り組まれなかった。まがりなりにも「調査」なのだから、実態を正確に捉えることが何より大事であり、「調査」結果がよくなるために練習したら、それは練習がどれだけできたのかということの「検証」にしかならないのであり、正確に「学力」を調査することにはならないだろうという考えからだ。二回目のときに、ある小学校で校長が「教育長から、過去の問題なども使って指導するように、といわれているから」と職員会で指示を出した。職員は「そんなみっともないことはできない、撤回してほしい」と要求したところ、翌日校長を通じて撤回されたということがあった。国会でも、事前の取り組みについては取り上げられ、文科大臣は「趣旨に反している」と答弁している[3]。

しかし、水面下では2年目からすでに「過去問」の取り組みは行われていた。そして、そのことについて県教育長は「点数を上げることが目的なら本末転倒だが、そうなっているとは思わない。日頃の授業と連動させたうえで、試しに過去の問題を行うのは構わない。」と見解を述べている（『高知新聞』２００８年5月1日）。このようなこともあり、3年目からは公然と「過去問」に取り組まれることとなった。

(2) 点数悪ければ責任感じる

「過去問」に取り組ませることは、「全国学力調査」の得点を上げるためであり、目の前の子どもたちの学力が向上したり、成長を促したりするためのものではないということは多くの教員は気がついている。いや、それどころか、子どもたちを勉強嫌いにさせているのではないかという心配さえ持っている。それなのになぜ「過去問」に取り組んでいるのだろうか。ある地域の教職員組合が調査をした報告に耳を傾けてみよう。

過去に出題された問題（「過去問」）には、アンケートの回答があった27校すべてで取り組まれていた。おそらく、「過去問」に取り組んでいない学校はないだろう。教育事務所との交渉でも、「学力調査の問題は良問」「計画的に授業で位置づけて取り組んだらよい」

という回答だった。もはや「過去問当り前」の状態だ。私たち教職員も学力調査が始まったときには、「過去問」をすることに対して批判的であった。しかし、点数が悪いと教育事務所や教育委員会、管理職から「指導」を受ける。「学力をつける」イコール「学テの点数を上げる」という図式に組み込まれてしまった。心の奥では「間違っている」と思いつつ、点数が悪ければ責任を感じるし、多忙化の中で、豊かに学ぶための教材研究の時間が奪われ、抵抗することも難しく、結局抗えずにいる状況ではないだろうか。

過去問を解くことを含む「学テ対策」は、授業時間、長期休業中の補習、宿題、放課後や個人懇談や家庭訪問中の時間を利用するなど、あらゆる時間を使って行われている。小学校では、月に2回金曜日の7時間目を設定し、思考力や表現力をつける問題に取り組んでいるところもある。毎日、全教職員が放課後5年生に複数で対策にあたる学校もある。

（前掲「学びの意欲を奪う学力テスト体制」）

ここには、「全国学力調査」の結果が悪かったら教育事務所や教育委員会より「指導」[4]を受けることになり、そのことがさらに多忙化に拍車をかけることが指摘されている。このことは、ほかの地域からも次のような指摘があった。「郡内のS中学校では、大規模な学校統廃合が行われた後、学力テストの正答率が大きく下がった。その結果、県教委から学校視察に来る機会が増え、学力向上（正答率向上?）のための指導が頻繁に行われた」。県教委などが視察に来るとなると、授業の視察も行われるわけであり、「指導案」の準備も必要とされる。さらに、どのような対策を取っているのか、取るつもりなのかという話になる。このような事態になるから「問題が起こらないようにしましょう」という声が出ているというのもうなづけてしまう。

私が上記の報告で最も心が病んだのは、「心の奥では『間違っている』と思いつつ、点数が悪ければ責任を感じる」というところである。日々、子どもたちと向き合っている先生方は、こういう責任の感じ方をするということを改めて感じた。特に担任をしているとその責任の感じ方は大きいものがある。「結果が悪かったら、子どもたちがかわいそうだから」という言い方をよく聞くことがあるが、そういう言われ方をすると、余計に「何とかしなければ」と目先のこと、少しでもテストの点が上がるための手立てをとらざるをえなくなる。

教育というものは、そんなに急に成果が出るものではない。子どもたちが楽しかったり意義を感じたりしてやる気になって初めてその成果が出るものだ。だから学校では、子どもたちがやる気になるように授業の長期的な展望を持っての工夫や、さまざまな行事を仕組むことも含めて子どもたちのやる気を引き出すことにとても多くの時間と手間暇をかけている。そういうことが、目の前の「点数を上げること」の取り組みを強いられることで見失われていく。先生方は、そういう苦しさを持ちながら学校生活・教育活動を行わねばならない状況に置かれているということである。「子どもたちのやる気を引き出してやりたい」という思いが実現できるような教育現場を一刻も早く取り戻していくことが求められている。

2 スタンダードというマジック

(1) 「スタンダード」という言い方で、さまざまな管理・強制が起こっている

ここ数年「スタンダード」という言葉による学校「管理」が進められている。日本ではもともと「生活指導」の分野で広がり始めたといわれており、高知県内のいくつかの学校でも、①靴箱に入れた靴のかかとを揃える、②立ち止まって、元気な挨拶をする、③「どうぞ……」というコミュニケーションをとろう、④机に座った時の姿勢は「グー、ピタ、ピン」[5]、⑤無言掃除、などの「スタンダード」が提示されているという。

これらの項目によって指導していきましょうということのようだが、実際は子どもたちを管理するためのものになっている。

さらにこの手法が、授業の受け方・学習の仕方・授業方法にまで広がりを見せている。たとえば、都内のある小学校の「スタンダード」には、子どもの「学習の仕方の基礎・基本」として、筆箱の中には「Bか2B（4本）、赤鉛筆（1本）、白でにおいのないもの（多分消しゴムだろう—筆者）、四角い筆箱」と細かい。「挙手の仕方」として「肘を伸ばして挙手をする」「名前を呼ばれたら、ハイと返事をする」などが挙げられている。

教師の授業のあり方にまで「スタンダード」がある。先の言い方に揃えれば、「教師を管理するための手法」

ということになる。たとえば、A市では「問題解決型『学びのスタンダード』―主体的に学ぶ意欲を高めるために」と大きく「スタンダード」が宣言されている。その表題のもと、学習課題は「色のチョークで、課題・めあてを囲むか、アンダーラインを引いて示す」、授業の中では「自分の考えと友だちの考えを対比・類比させる」「ペア・少人数グループと一緒に体験・活動を仕組む」等が有り、さらに授業の終わりには「色のチョークで、まとめの部分を囲むか、アンダーラインを引いて示す。」とある。

当初は「先生が変わっても、子どもたちが戸惑わないように」、と説明していたところが多かったようだが、最近は、ストレートに「全国学力調査」との関係で取り組んでいるところもある。(6)

スタンダードといわれることの中身については、有効であり意味のある内容もある。授業では「めあて」を持つことは重要であるだろう。また、子どもたちにとってわかりやすい板書をするということは大切なことである。しかし、「めあて」を最初に提示するかどうかは授業の構想にかかわってくる。板書の仕方も同様である。それらが、「……せねばならぬ」となったならば、それはどうだろうか。授業は、子どもたちの状況や反応によっては、その流れを変えたほうがよいと思われることは少なくない。そして、何よりも、授業が画一化・マニュアル化してしまうと、その先生の持つ個性や思考を十分発揮できなくなってしまう。授業は、授業を行っている先生が面白くワクワクしていないと感動のない薄っぺらなものになってしまい、子どもたちも意欲をもって学ぶことにはならない。

先生方の中には、「スタンダードに沿って授業をすればある意味で楽だ」という声もある。しかしここには、自分で考え、工夫しながら授業づくりができないという皮肉も込められているのだろう。とはいえ、自分で考え、工夫できないということは、失敗に学びつつ成長していくということもなくなる。「スタンダード」の強制は教師自身の成長を奪っていくことにもなっている。

(2)「スタンダード」と「オリジナル」

これまでの具体例を見るだけでも、すでに「スタンダード」というものは、「これが当たり前のことですよ」と、あたかもそれができないと問題であるかのように語られているが、スタンダードという言葉のマジックにひっかかっていないだろうか。

「スタンダード」とは、広辞苑によると「一番普通のあり方」であり、大辞林で言うと「平均的であること」となる。つまり、おおよその人が認めている、平均的な事柄であるということなのである。たとえばスタンダードな車といえば「大衆車」を指すのだろうし、音楽の「スタンダードナンバー」となれば、みんなによく知られている音楽ということになるのだろう。「スタンダード」というものは、一定の歴史的経過を経ても人々に支持されているということでもあるだろう。そういう意味においては一定の価値を持つものである。

先にスタンダードといわれることの具体的な内容については意味のあることもあると述べたのはこのことを言っている。教育実践におけるスタンダードというものが仮にあるとしたら、それは、長年取り組まれてきた中の、一定有効と思われる教育課程や教育技術、環境整備などのことである。その意味では、教師としての学習や研究、技術獲得の対象となるだろう。

「スタンダード」は定番となるような普通の在り方のことである。すると面白いことに、必然的に例外を認めているということになる。いや、実をいうとスタンダード議論をする場合、この例外の問題こそが中心議論にならなければならないと考えている。ファッションで言えば「オリジナルなデザイン」ということになるだろう。音楽にしても「スタンダードナンバー」という言い方とともに「オリジナルナンバー」という言い方がある。オリジナルなものを例外というと量的にも小さくて異端な感じがするが、実際はオリジナルなことの方が圧倒的に大きく多い。それらの中である共通しているような事柄を「スタンダード」と言っているのであり、「スタンダード」という言葉は「オリジナル」なものがあってこそのものなのだ。

学校というところは、子どもたちを集めて、ほぼ同じカリキュラムをもって指導しているから、同じ指導をしなければならないと思い込みがちだが、実を言うと、先生方は一人ひとりの子どもに対応したきめの細かい、実に丁寧な指導・援助をしている。もちろん、これまで積み上げられてきた（「スタンダード」な）指導技術をも活用したり、独自に開発したりしながらである。その子どもにどのような指導や援助が必要なのか、そのことを考えることに「教育実践」の意味があるし、教育が成り立っていく前提がある。

そのように考えると、教育という営みは、「スタンダード」ではなく、実はかなりの部分が「オリジナル」なものなのであり、そこをどのように豊かにするのかということこそが語り合われなければならないし、語り合いたいと願っているのだ。

ある中学校での入学式で、3年生の生徒会役員の女生徒が新入生に対して語った歓迎の言葉を今も鮮明に覚えている。その言葉は「新入生の皆さん、中学校に入ったら教科ごとに先生が違います。私たちの学校の先生はみんな個性豊かです。だから、皆さんは、いろいろな授業を楽しんでください」であった。彼女は、教職員の私たちに対しても語っていたのだと思う。私たちは、先生方の個性豊かな授業が面白く、そのことも含めて私たちは学んでいるのです、と。

「スタンダード」という言葉にごまかされてはならない。だって「スタンダードな人間」というのは変でしょう。「スタンダードな人に育って欲しい」という話も聞いたことがない。世界は「オリジナル」に溢れているし、そもそも「オリジナル」で構成されているのだから。

3 「授業改善」

高知県の中学校では、2013年頃から「授業改善プラン」という取り組みが進められてきた。いうまでもなく教員は個性ある子どもたちと日々向き合うわけだから、自ら向上していくことが求められている。その意味では「授業改善」に取り組むことは重要なことである。しかしながら、「全国学力調査」が毎年悉皆で行われることで、その教員の極めて重要な「授業改善」が大きくゆがめられてきている。ある中学校の教員は次のように語っている。

「県は『学テ対策』をガンガン現場に要求してきた。『授業改善に係る学校訪問』と称して、各学校に年間2回指導主事が訪問し、『学テの成績が悪かった問題が解けるようにするための授業』を見に来る。その授業のために事細かに数値の報告や、どう引き上げるかなど書かなくてはいけない『指導案』や『授業改善プラン』を用意しなくてはならない。指導案には『①平成29年度または平成30年度の全国学力・学習状況調査、②平成29年度本件学力定着状況調査結果に見る本校の学力課題』について『課題の見られる調査問題』・『育成すべき力』を記入し、その育成のために授業を改善せよ、というのである」（前掲「学びの意欲を奪う学力テスト体制」）。

目の前の子どもたちの課題を「全国学力調査」の結果から導き出すこと。そして、その対策としての「授業改善」が求められているということである。これは、子どもたちの課題をどう見るかというところからして一面的になっていることがわかる。

「全国学力調査」は、当初は国語と数学であったこともあり、その「授業改善」が求められたのは、該当教科の教員であった。しかしながら、「県版学力調査」が始まってからは、5教科すべてに「授業改善プラン」という計画書の作成と、それに基づく「研究授業」（研究授業は国語・数学）が求められている。その「授業改善プラン」には「全国学力調査」や「県版学力調査」の結果を記入し、その正答率をどこまで引き上げるかという目標点を記入し、中間検証を経て最後には結果を記入するようになっている。担当教員にしてみれば、一年間でどれだけ結果が出せるのかを問われ

こんなに忙しいとある中学校の「テスト」スケジュール

	4月	5月	6月	7月	8月	9月	10月	11月	12月	1月	2月	3月
主な行事	新入生歓迎行事 入学式			水泳大会		汗と涙の体育大会		青春の文化祭			お別れ行事（遠足等）	卒業式
主なテスト	**全国学力調査（三年）** 全学年「**実力テスト**」	中間テスト 「**到達度テスト**」	3年生「**実力テスト**」	期末テスト		全校「**実力テスト**」	中間テスト	3年生「**実力テスト**」	**県版学力調査（1・2学年）** 期末テスト	全校「**実力テスト**」	3年生「**実力テスト**」	期末テスト

現在、中学校では学校によって若干の違いはありますが、大枠上記のようなスケジュールで行われているようです。

「実力テスト」は、学校独自で行っているもの。３年生は、進路対策の意味が大きく年間６回ほど行っています。１、２年生は学期のはじめに実施することが多いようです。

「到達度テスト」については、呼び方はいろいろあるようですが、この県では「全国学力調査」が行われる前から行われていたものです。

「調査」は「全国学力調査」と「県版学力調査」ですが、その二つについては、「過去問」やその類似問題などを使って事前の取り組みが行われています。なかなか過酷な「テストスケジュール」となっています。

る内容形式になっているのである。

ここで重要なことは、先に述べたように「授業改善」は、教師にとって非常に重要な取り組みであることは間違いがない。しかし、その重要な「授業改善」が悉皆でそれも毎年行われる「全国学力調査」や「県版学力調査」によって、「全国学力調査」の得点を上げるための「授業改善」にさせられているということである。授業改善そのものがきわめて一面的なものになっているということに私たちは注意を払わなければならない。

4　校内研修をめぐって

同じようなことが、校内研修においても行われている。校内において、その子どもたちの現状や課題をリアルに見たときに、共通して研究していこうということは大切な姿勢である。それは、現場の教職員が課題を出し合い、よく話し合って決めていくことにおいて可能になってくる。しかしながら、ここ数年強まっているのは、文科省や県レベルでの「研究指定」が多くなっていることである。ある地域では、どの学校も何かしらの「研究指定」を受けざるをえない状況になっているという。そういう「研究指定」の内容は学習指導要領の先行研究であったり、「学力向上」のための研究であったりする。

ある報告では、校内で「研究授業」をすることになった若い教員が、文学教材を一生懸命研究し、その面白さを子どもたちと分かち合いたいと考え、「研究授業」を提案した。ところが、校内の「研究推進委員会」では「今年の研究テーマは、授業における話し合いをどうつくっていくのか、ということだから」といわれ、授業案を作り直さねばならない状況になったという。ここにおいても、学校そのものが外から課題を「押し付けられ」硬直化していることを感じる。教育という営みは、子どもたちの姿があり、教師がこの子どもたちに「こんなことを教えたい、こんなことを一緒に学びあいたい」という誘いがあり、そのことに対して、子どもたちも「一緒に勉強したい」という意欲が芽生え、学習活動が展開されていくものである。「全国学力調査」の結果「……に課題があるのでその克服のための授業」では、教師も子どもも意欲的な学習が展開されるとは思えない。

5 子どもたちのことを語り合う

中学校の教員から、校内研修について次のような報告があった。

私の勤務していた学校では、「全国学テ」（全国学力調査）や「県版学テ」（県版学力調査）の結果が出たら、その結果をもとに校内研修が行われる。当初は、それぞれの教科でこういうところが弱いので、そこを直していきましょうという話になるので、気が重かった。実際そういう話になることもあるし、他校の話を聞くと「全体的に読解力が弱いので、そこを強化していきましょう」とか「無回答をなくしましょう」という話になったということを聞く。しかしながら校内研修をやってみて思ったのは、意外に意見が活発に交わされ、面白いということを思った。中学校では教科間の意見交流はなかなかむつかしいのだが、自分の教科とのかかわりで発言される先生もいた。また、だんだんと子どもたちの授業のことや学校生活、日常生活のことについてまで話題になることもあった。忙しい毎日の中で子どもたちのことについて意見交換ができないので、いろんな先生方の意見を聞くことはとても面白いものであった。

この報告を聞きながら、現場の先生方は、子どものことを理解したいし、そのために話し合いたいのだということを強く感じた。少しでも平均点を上げようというムードの中でも、しっかりと子どもたちのことについて意見交換しようというしたたかさと逞しさも感じることができる。逆に言うと、子どもたちのことについて十分に語り合えていない状況があるということが言えるかもしれない。

かつては、職員会で子どもたちのことについては語り合われていた。現在は、「学力向上」や「授業改善」などの言い方で研修が多く設定されている。多くの場合、やや技術的な課題や、「成果」を出すためにどうするのかという内容になりがちである。一人の子どものことから語り始められる教職員の話し合い、若い先生方の悩みに応えられる、また悩みを共有し合おうとする校内研修づくりが求められている。

「校内研修」の項で紹介したことについては、後日談がある。研究授業が納得いくものになっていなかったことで落ち込んでいたその若い教師に対し、一人のベテランの教師が「あの授業には個々の子どもたちの挑戦とか期待に応えたいっていう願いに溢れていたように思う」という言葉をかけた。そのことで若い教師は、子どもたちの学んでいる姿に、自分自身の意識がちゃんといっていなかったことに気づかされたという。そして、そのことを学年末の振り返りの会議の時に「どうせわかってもらえない」だろうな、と思いつつ語ると、思いがけず『そのことを研究紀要に書くべきだ』という反応がかえってきた」というのであった。

6 「学力・学習状況調査」は3年に一度の抽出で

「全国学力調査」は、学校間格差を生み出した。「学力向上」という言い方で教員をあおり、過度の「研修」を強いてきた。今大きく問題になっている教員の多忙化、長時間労働の大きな原因ともなっている。そして、教員を偏った尺度で評価し「できる教師」と「できない教師」に仕分けした。子どもたちも、宿題の多さやテスト対策に困惑し、本来楽しいはずの学習は苦痛を強いられるものになっている。そして、教師は、「学力」に対し責任を感じ、心の底では「間違っている」と思いつつも現状に抗えないでいる。このような状況になっている大きな原因は、「全国学力調査」そのものではなく、その「調査」が毎年、それも悉皆で行われているところに起因していると考えられる。「全国学力調査」が「調査」でなく「目的化」しているところに問題があるのだ。

「全国学力調査」は教育的課題を見つけるためには必要なことである。学校づくりにおいても全体的な傾向を見ることは必要なことである。また、子どもたちのための有効な教育環境をつくるためにも当然ながら必要なことである。しかしながら、それが全国すべての学校を対象に、毎年行われなければならないという論拠はどこにもない。それどころか、学力調査はサンプル調査で十分であることが指摘されている。また、事前の「取り組み」が行われる中で「全国学力調査」の結果そのものの信ぴょう性も疑わしくなっていることは、繰り返し語られていることである。

「全国学力調査」は、その名の通り「調査」であり、調査そのものが目的ではないということを改めて確認することが必要である。そして、その目的は、当初の狙いにあったように、教育施策の検証と改善に役立てること、そして、学校現場も、子どもたち一人ひとりの課題を把握し、長期的な展望をもって教育に取り組めるようにするための一つの資料とする必要がある。そのためには、毎年毎年全国すべての学校が参加する必要はないどころか、そのことが逆効果を生み出しているわけであるから、3年に一度「抽出による調査」に変更することこそが最も有効である。

注

（1）2020年度の実施要項にある目的は次のようになっている。「義務教育の機会均等とその水準の維持向上の観点から、全国的な児童生徒の学力や学習状況を把握・分析し、教育施策の成果と課題を検証し、その改善を図るとともに、学校における児童生徒への教育指導の充実や学習状況の改善等に役立てる。さらに、そのような取組を通じて、教育に関する継続的な検証改善サイクルを確立する。」

（2）正式名称は「高知県学力定着状況調査」。

（3）「全国学力・学習状況調査のためにあらかじめ対策を講ずるとか問答集を配付するなどということになると、かえって把握する現状が間違ってまいりますから、このようなことは本来の趣旨に反すると思います」（2007年5月29日　参議院文教委員会　伊吹文科大臣答弁）。

（4）2019年に行われた第2回高知県教育総合会議の資料（「県と市町村教育委員会との連携・共同の推進」2019年9月5日）によると、たとえば、高知市の設置している学力向上推進室による訪問指導の実施は、7月末までに735回となっている。訪問対象は学級経営計画に係る訪問60校、指定校への訪問16校、授業づくり講座14校、読みを鍛える拠点校3校。

（5）机とお腹の距離は、手を握ったときのグーのはいる距離。かかとをピタっと揃える。背中はピンと伸ばす。

（6）「『岡山型学習指導のスタンダード』に基づく授業改善が進み、全国学力・学習状況調査結果において、全国平均との差は縮小傾向にありますが、国語、算数・数学ともに、活用する力を問う設問に経年的に課題が見られます」（「岡山型学習指導スタンダード　増補版」岡山県教育委員会令和元年7月）。

第2章 各地からの「声」

以下の報告は、教科研の全国委員・会員からの報告に加えて、フェイスブックで募集して協力してくれた人からのメールとメッセンジャーでの送信による報告を、整理したものである。

報告1　「大阪チャレンジテスト」と堺市版「学力調査」

谷　しずか（大阪府公立小学校教員）

私は堺市で昨年度、高学年の担任として、初めて「学力テスト」を経験した。その時、想像以上に、「大阪府チャレンジテスト」をはじめとする学力テストの類は、教師・児童・保護者への負担・誤った学力観をもたらしていると気づかされた。

堺市では、4年生以上の小中学生に対して「学びの診断」という国語と算数の学力テストを毎年行う。チャレンジテストの小学生版といった内容で、白黒印刷、問題の出し方も単元テストとは異なり、8割がマークシート式。塾で学ぶ裕福な児童や元々優秀な児童以外は、太刀打ちできない。「学びの診断」の目的は児童の学習の課題を発見することだ。しかし、管理職自ら対策プリントを作り、人事評価面談では平均点を上げるように促される。テスト結果で、小学校を順位づけしたうえ、クラス別平均点まで出す。その結果は全職員に職員会議等で開示され、普段の授業や学級の取り組み抜きにして、平均点が良かった先生は「すごいね」と言われるようになる。

これに「英理社などの追加科目」「生徒の内申点の材料にされる」「各校生徒の内申点の範囲が決まってしまう」という要素も加わるのが、「大阪府チャレンジテスト」である。生徒の進路に大きく関わり、3年間の結果が内申点に影響してしまうため、失敗は許されない。小学校以上に、普段の授業を削ってでも対策をせざるをえない。

これを教師の人事評価にも利用する自治体では、一層熱心な対策をされているだろうと思う。

残酷なのは、児童に返却される個票には、他の児童と点数を比較するための平均点やグラフがつけられていることだ。特に小学校では「テストの点数は人と比べるものではない」と言われているのに、比べざるをえないこの個票を見てショックを受ける児童や保護者も多い。

文科省は確かな学力を「知識や技能はもちろんのこと、これに加えて、学ぶ意欲や自分で課題を見付け、自ら学び、主体的に判断し、行動し、よりよく問題解決する資質や能力等まで含めたもの」と言っている。しかし、今のチャレンジテストの仕組みは、このような学力をつけるためではなく、知識と技能で児童と教師を順位付けるための機能になってしまっていると感じる。「チャレンジテスト」や「学びの診断」対策を必死に行う教師の背中で、思春期の子どもたちに「結局点数と順位で人は判断・分別されるのだ」という点数主義の価値観を学ばせてしまっているのではないだろうか。

コロナ禍で時間がない中でも、今年も学びの診断・チャレンジテストは実施される。この対策に時間を割くことは、本当に今必要なの？　そう思っても、対策しないという選択肢が教師にはないことが、とても苦しい。

報告2　これ以上テストはいらない：学校に「子どもの幸せ」という視点を

中林　沙也加（大阪府公立中学校教員）

「なんでテストの日じゃないのにテストばっかりしてるん？」

「え〜、またテスト⁉」

「テストの点数がとれさえすればええねん。」

「勉強は塾でするんで、学校ではいいんです。」

私は現在、大阪市の公立中学校で国語を担当しており、昨年度は3年生の担任であった。上記はすべて、昨年度受けもっていた3年生の声である。

昨年度は、全国学力調査、定期テスト、実力テスト、チャレンジテスト、統一テストと合計13回のテストを実施した。これに入試や英語能力判定テストも含めるとかなりの数になる。それぞれのテストに向けての対策やテスト後のフォローと、テストを中心に授業が行われていると言っても過言ではない状況であった。「自分はテストでいい点をとらせるために教師になったのか、絶対にそうではないはずだ。しかし、生徒の将来に影響するテストの存在を無視することはできない」と自問自答を繰り返す1年であった。生徒のことを思う真面目な教師ほどテスト対策を必死に行い、それが生徒を追い詰めることになる。そして、教師もやりがいを失っていくという状況を目の当たりにした。

教室で井上ひさしの『握手』や魯迅の『故郷』といった文学作品の授業をしていると、学力に関係なくそれぞれの読みを発表したり、授業が終わってからも作品の考察をしている姿が見られる。テストで点数をとることが苦手な生徒の意見にはっとすることがある。しかし、点数に現れない「学力」はテスト至上主義の現場では評価されることがない。「生徒の学習意欲や知的好奇心を阻害しているのは学校」というのが現実である。現場では、それぞれ異なる生活背景をもった個々の生徒に沿った、最適解の授業を行っている。そこに全国学力調査という一方的な尺度が持ち込まれ、結果が数字に反映されなければ、実践が全否定されるというのはどう考えても納得がいかない。

そして、今年度は1年生を担任している。今年度1年生が受けるテストは全4回の定期テストのみである。昨年度のようにテストに翻弄されることはないという面では余裕がある。しかし、コロナ休業による授業数確保のため、総合、学活の時間が授業に振り替えられることとなった。一泊移住や球技大会などの行事が中止となった。月2回は土曜授業を行わなければならなくなった。言うまでもなく学校で行う学習は教科によるものだけではない。人権教育や行事を通しての学習も非常に重要なものである。しかし、今年度は「授業数確保のための授業」に大人も子どもも翻弄されることになった。それに加えての三密回避などコロナ対策の弊害であろうか、遅刻、早退、欠席、不登校の生徒が例年よりも多くなっている。

学校生活には笑いや潤いが必要である。テストや授業の詰め込みによって追い詰められた学校には、そのような余裕がない。今や、学校は大人にとっても子どもにとっても、「数」を追求する地獄のような場所になっていると思う。「数」で結果を出せない子どもや教師は嘲笑や排除の対象となる。そのような学校で育った子どもはこれからどのような価値観をもって人生を送るのであろうか。

8月に1学期の期末懇談会を行った。そこで驚いたことがある。それは、多くの保護者が「子どもが元気だったらそれでいいです。」「今までは、テストの点数をとってくれることばかりを願っていたけれど、コロナをきっかけに何が正しいのかわからなくなりました。今は子どもが幸せでいてくれたら十分です。」「とにかく、毎日、楽しく笑っていてくれたらそれでいいです。」とおっしゃっていたことだ。今まで懇談会では成績表を前に保護者がわが子に苦情を言う。進路への不安を口にする、ということがどの学年でもあったのだが、今回は違っていたのだ。

この数カ月の間に「子どもの幸せ」という言葉を何度も聞いた。

いま、保護者が、子どもが、私たちが願っていることは、「子どもの幸せ」である。それは、よい点数をとること、よい学校に入ること、よい会社に入ることとは必ずしも直結しない。「数」に追い回されず、まず、自分を肯定して、そしてなるべく自分の好きなことや得意なことで自己実現して楽しい毎日を送ること。それが、願いである。悉皆式での全国学力調査は必要ない。あらゆる教育活動が子どもや社会の幸せを実現するためにあるのであれば、これ以上子どもをテストで追い詰める必要はない。

「学力」とは何か。「学校」とはどのような場所か。コロナ禍を機に、子どもや社会にとっての幸せという視点で再考し、現状が改善されることを願うばかりである。

報告3　学校を〝格付け〟するチャレンジテストは廃止を！

志水　博子（子どもをテストで追いつめるな！市民の会）

大阪の「チャレンジテスト」をご存じでしょうか。全国学力調査体制の中で生まれた、高校入試の内申に影響する、唯一大阪府だけが実施している中学生統一テストです。現在、私たち「子どもをテストで追いつめるな！

市民の会」はチャレンジテストの廃止に向けて取り組んでいます。

大阪は、全国に先駆けるかのように、維新の会の政治を通して政治主導型・首長主導型のガバナンスが展開されてきました。全国学力調査の学校別・市町村別公表、学校選択制、公私高校の競争、3年連続定員割れ府立高校の廃校などですが、このチャレンジテスト制度も、そのひとつです。

全国学力調査の結果が全国平均を大きく下回っていた大阪府では、橋下徹氏が知事になるや否や市町村ごとの結果を公表し、ここから維新流の「学力向上」教育施策が展開されていきます。一言で言えば、格差を肯定し民間活力により競争を激化する教育です。今夏、英国で成績評価にアルゴリズムを適用する方針に対し若者たちの大規模な抗議運動が起こったと報じられました。アルゴリズムとは、コンピュータプログラムの計算処理手順を意味するそうですが、チャレンジテストもこの〝アルゴリズム〟の一種と言えます。コンピュータプログラムなしにはありえない施策です。

よく〝チャレンジテストは団体戦〟と揶揄されますが、どのような仕組みかというと、各中学の平均点を大阪府全体の平均点と比べて、高校入試の内申（5段階評定）の分配率を決めます。コンピュータの計算上、各校の評定平均の範囲が、たとえばA中学は3.94±0.3、B中学は2.83±0.3に収まるように教育委員会から「指示」がくるわけです。

教育研究者濱元伸彦氏の論文「大阪府チャレンジテストにおける『団体戦方式』の問題―地域間の経済格差が内申点評定に反映される仕組み」（『日本の科学者』2020年8月号所収）には、社会経済的背景が厳しい学校の生徒が高校入試上不利になっている可能性があるとの指摘があります。テストで点が取れない子どもが〝忖度〟して休む、また〝分配率〟が下がるから受けない方がよいという声まで出る恐れがあります。このように教育行政が学校を〝格付け〟し、学校ごとに5段階評定の分配率を「指示」するチャレンジテスト制度は、子どもたちの学力とは何の関係もありません。人権侵害まで引き起こしかねないチャレンジテスト廃止に向けて、私たちは今後も取り組んでいきたいと思います。

報告4　全国学テ最下位から6位（2019）へ
その光と影

和泉　康彦（沖縄県　元・小学校教員）

光！　2019年は全国6位！

沖縄は全国一学力が低いといわれた。全国学力・学習状況調査（学テと略）では2007年からずっと最下位だった。ところが2014年度小学校は24位（国算合計）になり、2015年20位、2016年13位、2017年21位、2018年17位、2019年は6位となった。2014年以降、沖縄は学テ最下位を脱出したのである。

影1　みせかけの学力3年後に証明される

小6では最下位脱出した沖縄県だが、中3は依然として最下位である。全国平均点の差を分析した。2014年に小6で最下位脱出した子たちは、前年度の4点差を0点に縮めて24位となっていた。前年度より4点アップしたことになる。この子らは3年後、中3で6点差を7点差へ広げた。1点ダウンしたわけである。いずれも最下位であるが、小6で4点差を縮め中3で逆に差を1点広げたことになる。小6で4アップしたのは見せかけだったのだろうか？

影2　情緒・自閉学級が20倍、不登校1~3位、問題行動4倍増となる。

特別支援学級の6年在籍児は10年間で全国は2倍に増えたが、沖縄は4.5倍増である。情緒・自閉学級6年在籍児は20倍に増えた。全国は3倍増である（2009~2019年）。不登校児も2012年ごろまでは全国並みだが、2015年以降は小学校（全国1位）、中学校（3位）、高校（1位）となった。これは最近（2019年）も同じである。暴力行為などの問題行動も全国は1.4倍増だが沖縄は4倍増である（2010~2017年）。

影3　全体主義化する教育現場　多様な授業を排除する三つの管理システム—排除された教師と子どもたち

学力をあげるために「授業内容と方法、子どもの指導管理を全県でそろえる」ことが強調された。そのためのシステムが2013年度からスタートした。まず県が直接各学校を指導管理できる「支援訪問」がスタートした（システム1）。同年度、県が各学校のテスト点数を管理指導できる「webシステム」も稼働した（システム2）。2018年には教職員評価の成果目標として全国学力テストの点数を位置づけ、給与に反映できるようにした（システム3）。三つのシステムで板書や授業のやり方などを全県でそろえることが徹底されるようになった。「そろえること」から排除された子どもと教師のうめき声が聞こえる気がする。すべての子と教師がワクワクできる楽しい学校を作りたいと思う。

報告5　「思い込まされている」

葉狩　宅也（京都府公立小学校教員）

私が役員として所属する京都府南部の綴喜教職員組合では、毎年2回八幡市教育委員会との交渉を行っています。例年7月の夏休みに入ってすぐに1次交渉を行うのですが、今年は「コロナ禍」のもと、8月第1週の夏休み前に行うことになりました。

その中に、要求項目として「来年度以降も『全国学力・学習状況調査』『全国体力テスト』の中止を求め、参加をやめること。競争激化や学校序列化につながる結果の公表はしないこと」「総合教育センターの『基礎学力診断テスト』・CRTテストについて能力主義や学校間競争をあおることのないよう指導し、事前対策など調査の目的を逸脱するような取り組みはやめさせること」の二点を明示して、市教委担当者とやり取りしました。

担当者は、「全国調査不参加については、おっしゃることは理解できるが、うちだけの判断では難しい問題で……ただ、結果の公表は考えていません」と踏み込んで検討することを頭から避けていました。この間、教育条件整備面で「小学校英語や理科など高学年への専科教員の配置」「体育館へのエアコン設置を計画的に進める」ことなど、私たちの要求に真摯に応える姿勢を示した。しかし、教育課程に関わることについては、文科省・府教委からの流れには自主的な判断ができないと「思い込まされている」と言えます。

学校現場でも、小学校4年生に毎年実施させてきた京都府総合教育センターの「基礎学力診断テスト」の結果などをもとに、平均点との比較や経年比較、「誤答」などの分析やその対応などの研修を必ず行わなければならないため、多くの弊害を生んでいます。年度後半に実施する「CRTテスト」などの業者テストも含め、「傾向と対策」「過去問練習」など、「平均点以上の結果を出すこと」が教師の力量を問われることになると「思い込まされている」と言えます。

今年度実施しないことになったそれらの「テスト」が各学校には届いており、「どのように扱うかは各校に任されている」ようです。「4～5月期の授業未実施分を取り戻す」ことが迫られる中、「テスト」のために時間とエネルギーを割く必要はないと思われますが、若い教師の中には「やれないのは子どもにとってかわいそうかなとも思う」という悉皆調査が当たり前のように感じさせられている人たちもいます。その問題などをていねいに語ると、「なるほど、そういう狙いや弊害があるんですね」と理解はしてくれます。

かつて戦前戦時中に少年時代を過ごされた教育研究者が、「軍国主義の思想を、戦後民主主義を学び拭い去る中で今の私がある」と言っていましたが、私自身は「能力主義の思想を、民主教育としての発達観や指導観を学び拭い去る中で今の私がある」と思っています。若い教職員や行政に関わる人たちや地域の父母・市民とともに、学びと運動を共有しながら「学力テスト体制」の変革を進めたいと改めて感じています。

報告6 全国学テと県の学テ：和歌山県からの報告

榎本 千津子（和歌山県公立小学校教員）

①県平均、学校平均が全国平均を上回るようにと、研修会が開かれ、各校で学力向上推進プランを作るようになった。評価問題（過去問）、評価テストに取り組んでほしいと言われ、やらせなければならない雰囲気がある。平均点が低かった学校には、フォローアップとして退職教員が年10時間程度指導に入り、授業指導が行われる。S市内6小学校で2～3校に入っている。フォローアップが負担になるので、平均点を上げようと過去問の指導が行われる。10月県学テに加え、町として4月に業者テストをする地域もある。後日、業者から結果が送付されるが、テスト実施後、解答もないのに学校で採点・分析し、教委の学校訪問の資料にしている。忙しい時期に大変である。春休みに全学年で宿題を出すようになった。漢字・計算等を出している学校もあるが、評価問題を出している学校もある。今年度も12月に県学テを行う。県教委からの依頼で今年の全国学テのサンプル分析も行う（K郡で小・

中学校1校ずつ）。

②2018年5月全教実施アンケート（和歌山版）より

午前中の4時間もの長い間、テストに集中しなければならないので子どもたちのストレスがたまっていたのか、5・6限の音楽・家庭科の時間が集中できずにさわがしかった（小学校）。昨年、学力テストが嫌いで欠席する子が一人いました。その子は今回も体調不良を理由に欠席しました（小学校）。「同じような問題ばっかりやってる！」「自信なくした」と言っていた（中学校）。本当に学力をつけるために、目の前の子どもに何をさせようかではなく、学テで高得点をとらせる取り組みを優先している感がある。学力テストを通して、子どもたちが伸びたように感じたことはない（小学校）。

③学テがなくても何も困りません。 子どもの実態に応じて、読み取る力、書く力をどうつけるかをコロナ禍では考えることができました。

報告7　コロナ禍における、新しい体験に希望をみる

中山　和人（新型コロナウイルス対策三鷹市民連絡会）

全国学力悉皆調査が中止になった今年度、各学校のHPから「授業改善推進計画」が消えました。東京では昨年度まで、学力調査の結果が学校に伝えられると、校長の指示で自校の子どもの成績（テスト結果）を分析して各教科毎の「授業改善推進計画」が作成され、HPで公表してきました。

たとえば、A小学校の算数科の「授業改善推進計画」の「具体的方策」の中には、「『どんどんコース』（＝「できる子のグループ」）では授業の進度を調整し、中学校に向けた課題や、これまでの学習内容を総合的に活用する問題を出題する」と書かれていました。また、教育委員会の学校訪問の時に、校長が「○○の教科は平均より低いですね」と言われ、後でその教科の主任が校長に呼ばれて「授業改善推進計画」での具体的方策の強化が指示されたと聞きました。

学習指導要領の内容と学習方法がどれだけ徹底されているかを全国学力悉皆調査で測り、これを梃子にしてそ

の徹底を強化してきたのです。このシステムが、子どもの成長より、テスト結果で子どもと教育活動を評価するように教育を歪めてきました。

今年度、私はコロナ問題の組合の相談窓口を担当して、今日までの半年間で180件を超える職場からの相談に対応してきました。その中でどの職場からも報告されたのは、分散登校時に少人数授業の効果を実感したということでした。

今春採用された中学の先生は、「私が初めて先生になって授業をしたのは分散での少人数授業で18人の生徒たちでした。いろいろと声掛けもできて落ち着いて授業ができてよかったです。去年まで不登校気味だったと聞いていた生徒もこれがきっかけで登校する回数が増えました。少人数なのでストレスが減ったのでしょうか。でも、元に戻ったら1クラス40人近くで、机間指導をしていますが、生徒への細かい声掛けや対応が難しいと実感しています。今は10クラス以上持っているので400人近い生徒の名前と顔を覚えるのも大変です。週に1回は7時間授業で、月に2回は土曜授業です」と語ってくれました。

小学校の若い先生からのメールには「授業そのものは人数が少なく、目が行き届き、個別に指導しやすくなっています。少人数の学級人数が何より大事であると実感しました」と書かれていました。

コロナ禍の学校で役立ったことは、全国学力悉皆調査ではなく、分散登校時の少人数学級のよさでした。日本中の学校が実感したこの経験を生かすことが大切だと思います。

報告8　60年代の学テ体制と現在の学力調査：香川からの報告

中尾　忍（香川県・元中学校教員）

「（昭和）三十九年一月七日。この日高松市の市民会館に県下の校長や教頭がいそいでいた。ここで、『三年連続学力日本一報告感謝大会』という長い名まえの会が開かれたのである。当日、配布されたプログラムの裏には学力調査成績一覧が表示され、香川県の全国順位の欄がつけ加えられていた。（中略）第一回の学力調査の結果が文部省から発表されたとき、祝賀会を開いて紅白のまんじゅうをくばった。数学は第一回のとき、一位になった。校長や教委関係者が、紅白のまんじゅうで喜こんでいたとき、数学教科の教師に対して、学力日本一という字を染め抜いた手ぬぐいをくばった。『このはちまきをしめてがんばれというものかいな』……（略）」

これは1965年3月に香川教師集団が発刊した『学テ日本一物語』（明治図書）（香川の実態が赤裸々に記されています）の一節です。

1961年から「全国学力テスト」（悉皆）（以下「全国学テ」、抽出は1956年から）が実施され、香川県は中学校4年連続全国1位（小学校3年連続1位）という結果でした。しかし実態は、7時間授業、過去問を行うなど過剰な準備教育、教師の不正（答えを教える）、あまり勉強ができない児童・生徒を休ませたり、「障害児学級」に入れたりするなど「テストあって教育なし」「教育の荒廃」でした。

1964年の香川・愛媛「文部省学力調査問題」学術調査団（代表、宗像誠也・梅根悟）の報告書は、「学テ教育体制の実態と問題」を公表し、「行政指導による準備教育」等5点の問題等をあげ、「学テ」のもたらす弊害を明らかにしました。

この「全国学テ体制」は、「高度経済成長」を支える労働力確保のための「人的能力開発政策」を一つの背景としていました。「学習指導要領の徹底強化」で学校教育の国家統制、テストによる「差別・選別教育」、六〇年代の「全国学テ体制」が、「学力競争列島」と「学びの喪失」のスタートでした。

そして、第一次安倍政権下、教育基本法改悪後の2007年、43年ぶりに「全国一斉学力調査」（以下「全国学力調査」）が復活しました。学力調査の復活は何を意味するのでしょう？　何が共通し、何が異なるのでしょう？

今回は、「新自由主義」と「国家主義」の教育政策が進められ、人事考課制度（それは「新勤評」とも言える）の導入とリンクし、「全国学力調査」による「学力競争列島」の再現と思えます。前回同様、過去問を行うなど事前準備が行われ、その結果テストづけになった子どもたちは喘ぎ、苦しみ、教師たちも、1点でも点を上げるため、硬直した授業となり、再び「学びの喪失」に至っています。

香川県は、1960年代の「全国学テ体制」時、文部省の先導的試行の役割を担いました。「全国学テ」実施（抽出・1956年）の6年前の1950年から「県学テ」（香川県学力調査）が実施され、１９８１年まで続きます（悉皆ではなかったが、希望校と称してほとんど指定された学年はテストを受けさせられた）。

今回の場合も香川県は文科省の先導的試行と思われます。同時に「学力調査」は人事考課制度と一体となって進められていきます。２００１年度から国立教育政策研究所が「教育課程実施状況調査」を実施。それに呼応し、香川県教委は同じ２００１年度から「県学習状況調査」を試行実施（抽出）し、２００２年度から本格実施（以後悉皆）したのです。「全国学力調査」（悉皆）は２００７年以後続けられ、「県学テ」も形を変え、２０１９年まで行われました（２０２０年はコロナ禍で実施は質問紙のみ）。また、２０００年度から人事考課制度が東京に続いて２番目に試行実施（２００２年度から本格実施）されました。

２０１２年から「県学力調査」は、実施時期を４月から11月に変え、対象学年は小３~小６と中１・２です。中学校は国・社・数・理・英の５教科です（２０１６年度の県独自テスト実施は、全国では38都府県・15政令指定都市）。

「県学力調査」は県下すべての学校で行われ、教師による採点後、全児童・生徒の全教科全問題別の正答・誤答（誤答は種類別に類型化）がコンピュータに入力され、県教委へデータが集中します（ソフト開発は民間業者（株）穴吹カレッジサービスに２４００万円で委託）。県教委は、どの教師がどのクラスでどう授業を行っているかを把握し、すべての児童・生徒の「県学力調査」結果を把握できるしくみです（「全国学力調査」と同じように生活面での質問紙もあります）。

「全国学力調査」「県学力調査」によって学校現場は翻弄されています。香川県国民教育研究所は「第二三号特集　香川の『学力テスト』体制」（２０１５年５月）で、その実態と問題点をまとめています。①一層の競争激化、②「テスト体制」で教育活動に支障。学習の動機づけがテスト、③人間の発達を歪める危険、④学習指導要領の徹底・強化、⑤「新勤評」（人事考課）「指導力不足教員制度」とリンクし、教員への管理統制強化、⑥多忙化が進み、子どもも教師も疲れ果てています。

教育学者大田堯氏は、『学力とは何か』（国土社、１９６９年）で、１９６０年代の学テ体制を批判し、「問いと答えの間（ま）が短くなっている」。問いに対して答えを出す過程こそ重要で、「教育の危機」だと警鐘を鳴らしました。それは現在でも同じことが言えます。香川県教職員組合などは「全国学力調査」「県学力調査」の中止を要求していますが、悉皆調査は続いており現場は否応なくそれに押し切られている状況です。

前回の「全国学テ」は反対の世論に押され、1965年度から抽出に変更しました。今回も即刻全国学力調査（悉皆）をやめるべきです。（雑誌『教育』2017年2月号の筆者稿より学テの項目について加筆・修正）

報告9　生きた学びを子どもたちに

阪本　芽生（和歌山県・スクールソーシャルワーカー）

私は、去年からスクールソーシャルワーカーをしています。今年の夏、中学3年の生徒二人と話をする機会がありました。

一人は、中1から不登校で、中2の時から家庭訪問を続けている生徒です。彼女は、体調を壊すほどの苦しみを少しずつ語ってくれるようになりました。もう一人は、家族のしんどさを抱え、大人を信じられない、先生も信じられないという思いの中で、必死に耐えて学校生活を送っていました。「楽しい中学校生活を送りたい」というごく普通の願いが叶えられず、二人とも自分を傷つけ、守られるべき存在であることも知らず苦しみの中でもがいていました。少しずつ問題を整理し、解きほぐし、前を向き始めたところです。

そんな二人の話に同席し、中学生の語りを聞いて、困難な中でたくさんのことを考え学びにつながっているんだなと思いました。

「学び」って何でしょうか。「学力」って何でしょうか。全国学力調査で測られるものは、じつは、極々一部のことであって、子どもたちはそれによって測られることに傷ついています。そこで、一方的な物差しを使って査定を受け、評価されることに深く傷ついていると思います。

「がんばれ、がんばれ」と追い立て、しんどさをわかってくれない親、「女の子のくせに」と言われる苦痛、周りの大人に心の扉を開けない関係、さまざまな矛盾を抱えている。それなのに、学校ではそれにふたをしている。狭い教科書の上での学力を詰め込まれている。そうなのです。彼女たちが語ってくれた矛盾から抜け出す取り組みこそが、生きた学びだと思います。

二人の話はジェンダーから地球温暖化まで広がりました。ただ聞いていた私は、深く考えている子どもたちに確かな成長を感じ、未来にひかりを見いだした思いで感動していました。そして、信頼される大人として子どもの側にいたい、こんなに苦しむことなく学びの世界へ誘いたいと思いました。

報告10　中国地方のある市からの通信

土屋　知紀（中国地方の元市議会議員）

私の友人（ママさん）から聞いた話です。ある小学校で、事あるごとに子どもがクラス担任から全員の前で「○○さんは、宿題を出してもどうせして来ないのよね」と笑いのネタにされていました。他にも、「○○さんは、お姉ちゃんも先生の言うことを聞かなかったからねー」。今回の件は、2人目の子（女子）の担任のことです。さらに、3人目の弟もこの学校に行く予定なので、ママさんは「学校に抗議すると、下の子も目を付けられるのではないか」と当初は躊躇していました。

クラスがざわついても、その子だけが厳しく叱責されるなど理不尽な扱いを受け「目をつけられて」おり、それらの積み重ねで、子どもが学校に行かなくなってしまいました。そのためママさんが学校に抗議して、教頭・校長と何度も話し合いました。担任の対応の改善を要請しました。ところが、対応にあまり変化がみられなかったため、ママさんは転校を決意。

市のHPで、転校先を探していましたが「○○校は、学力テストの点数が高すぎてうちの子は合わない」とか「○○校は、（点数が）低すぎる……」など、公表されたテストの点数を判断基準にし、右往左往していました。

このママは、転校先を探す判断基準として、学力テストの点数を基準としていました。私の知る限り、少なくない小・中学校のママさんは、テストの点数や、HPに公開されている「外部評価」の結果を判断基準にしているそうです。さらに、（私はまだ見たことがないのですが）「学校裏サイト」というものがあり、スマホでそれらの学校の評判を逐一評価しているそうです。この学校だけではありませんが、テスト対策として、宿題はミニテストのような宿題にしているので、宿題をしないこと＝テストの点数に響く、という暗黙の了解があるのだと思います。

さらに「○○校は落ち着いている」「○○校はカーストがある」など、ネット上の〝ウワサ〟を集め、学校と先生を「品定め」し、転校先を探していました。

幸いにもその学校の校長が親身になって話を聞いてくれ、子育て先輩ママが身近にいるなど、周辺に話を聞く人たちがいたため、最終的には、このママさんは子どもを転校させずに、子どもが学校を卒業するまで我慢する日々を過ごしていました。

この学校は大規模でクラスの人数が多く、40人に近い。担任は20代の若い先生でした。クラスでは、立ち歩く・暴れるなど授業が成り立ちにくく、担任の先生は日々くたくたで辛い思いをしていました。

校長先生の親身な対応が幸いしたのですが、多人数学級とテストの点数競争に翻弄させられ動揺するママさんと、若い先生のやるせない思いに胸が痛くなりました。

「悉皆調査で点数を公表して学校を競わせる」「先生の数を減らし、教室は過密で子どもたちに丁寧に目が行き届かない」「保護者は相談する場がなく孤立」「子どもはテストで追い立てられる」……最悪で矛盾だらけの実態でした。

この市では、第二次安倍政権成立以降、学力調査の点数を小・中学校別にＨＰに公表していました。現在は学校によって非公表の場合もあり、学校ごとに対応は大きく異なっています。

報告11　今年度の埼玉県学力・学習状況調査について

金井　宏伸（埼玉県教職員組合・書記長）

今年度の埼玉県学力学習状況調査について

全国学力・学習状況調査（以下、全学テ）が中止になった今年度、当然中止の判断を下すと思われた埼玉県学力・学習状況調査（県学調）であった。県教育委員会は埼教組との話し合いを幾度となく交わしたものの、結果的には中止の判断はせず、県学調実施の判断を市町村教委に委ね、丸投げという無責任な形をとった。これにより、政令市であるさいたま市を除く62市町村中、6市町村（一部実施しない市を含む）のみが子どもたちの授業時間の保障などを理由に挙げ実施せず、56市町村が一斉休校で長期に学校がとまっていたにもかかわらず、例年

資料２−１「県学調」の要綱

１．調査概要
（１）調査の目的
児童・生徒の学力や学習に関する事項を把握することで，教育施策や指導の工夫改善を図り，児童生徒一人一人の学力を確実に伸ばす教育を推進する。
（２）対象と内容
・県内の全公立小中学校及び市町村教育委員会
・小学校４年・５年・６年，中学校１年（国語・算数／数学）
・中学校２年・３年（国語・数学・英語）
・教科に関する調査（前学年までの学習内容）：基礎的基本的な知識技能をみる問題，知識技能を活用して必要な思考力・判断力・表現力をみる問題
・児童生徒に対する質問紙調査：学習意欲・学習方法・生活習慣に関する事項
・学校及び市町村教育委員会に対する調査：教育活動や教育条件整備に関する事項
（３）時間
・小学校：１教科40分間，質問紙調査40分程度
・中学校：１教科45分間，質問紙調査40分程度
実施日　４月12日
（４）予算
約２億1700万円　　入札：教育測定研究所が過去５年間行っている（※県学調は2015年度より実施）

通りに県学調を実行した。子どもたちや教職員の命と健康、授業などを一番に考え、「今何が必要なのか」を物的・人的な面から考えての判断を行えず、上部組織の指示待ちしかできない当局の姿勢がコロナ禍の中で露呈する結果となった。

「県学調」の問題点と対応への現場の声

［小学校］
・学校現場の多忙な時期の実施であり、全国学テやその他の学力調査もあり、子どもと教職員への負担は大きい。
・問題はすべて回収され非公開であり、学校で出題やつまずきに関する分析ができない。
・質問紙調査では「前学年」の学級の様子や授業の様子まで問うものがあり、不快に思う教職員は多い。
・小４から中３までの経年比較を行うので、結果がよくない子どもは自信を持てない。
・子ども の「学力の伸び」を学級ごとに並べ替え、教員の競争をあおる道具になっている。
・「学力の伸び」の高かった学級担任を集めた出張が行われ、どんなとりくみをしているかを出し合い、事例

集のようなものが配布されている。／結果の悪かった学校（「学力向上指定校」）には、「復習シート」が送られてきて、やらざるをえないという。

［中学校］

・正答率を比較する全国学テに比べると、個人を経年比較する「県学調」の方が負担は少ないと思っている教員が多い。該当教科の教員は意識しているが担任はそれほどでもない。

・すべての学年で夏休みに入った早々に、個人結果票を三者面談で返却する。問題用紙や解答用紙も提出し戻ってこないので、生徒は結果票のみを見るだけで、その意味は理解できていない。

・子どもの学力の経年比較といっても、上がる生徒ばかりでなく、変わらない生徒や下がる生徒もいるので、結果票を渡すばかりでなく、学校でゆきとどいた指導をしなくてはならないのに、それができずにもどかしい。

【具体的問題点】

・子どもには経年の「学力の変化」であっても、教員集団には学習指導力の比較をするものとなっている。

・4月10日に（入間）地域テスト、11日に県学調（小4以上中3まで）、18日に全国学力・学習状況調査（小6、中3）、というように4月当初にテストが連続する。

・学校に戻ってくるのは7月ころで、子どもへの返却は夏季休業中に保護者も含めた三者面談の設定が義務化される。子どもたちは4月の県学調については忘れてしまっている。

2019年度の対県交渉での当局の対応

毎年、埼教組青年部では埼玉県教育委員会との交渉で県学調の問題についても取り上げている。以下は2019年度の青年部要求とそれに対する県教委の回答である。

［埼教組青年部要求書］

1　学校現場で様々な調査やテストが実施されており、大きな負担となっている。「埼玉県学力・学習状況調査」については、以下のように改善を図ること。

（1）「埼玉県学力・学習状況調査」を廃止すること。実施する場合、各学校の教育課程を尊重し、時期を配慮すること。

（2）「埼玉県学力・学習状況調査」の結果について、個人・学級ごとに経年比較することをやめること。

［県教委回答］

（1）県が実施する「埼玉県学力・学習状況調査」は本県児童生徒一人一人の学力や学習状況に関する事項等把握することで、教育施策・指導の工夫改善をはかり、一人一人学力を確実に伸ばす教育を推進することを目的としている。児童生徒一人一人の学力を確実に伸ばすために必要な調査なので、今後も継続して実施していきたい。

「県学調」を4月に実施する理由は、児童生徒の学習内容の履修状況が最もそろっていること。調査結果を踏まえた学習指導の改善を各学校が早い時期から始められること。以上の理由で現時点では実施時期をずらすことは考えていない。

（2）児童生徒一人一人の1年間の頑張りや伸びを認め、学習意欲を高めることやつまずきを早期に発見し解消していくことができる。また、各学校において、前年度の各学級の状況を把握分析し、効果的な支援の方法を見出し、その効果的な取組や工夫を学校で共有することができる。こうした取組により、児童生徒一人一人の学力を確実に伸ばす教育を推進することができるものと考えている。

さいごに

県学調の要綱や県教委交渉の回答、予算規模の大きさからわかるが、当局は県学調を埼玉県の「学力向上」施策の大きな柱に据えていると見て取れる。しかし、県教委の意に反し、現場の教職員にとっては（その「声」に見た通り）、4月当初の学級づくり等で大切な時期に全国と県学調さらには市町村・地域独自のテスト、それらが重なって、非常に負担感が大きい。

またこの種の経年追跡調査は、1~数%の「サンプル調査」で行うことが手法理論上も国内外の経験でも常識であり、悉皆式で行うなどありえない。さらに県学調では、市町村・学校ごとの結果も数値化して公開されているために、その教育長・管理職のレベルで、過度な学力向上への競争に子どもたちと教職員を振り回していると言わざるをえない。過去問配布、コバトン問題集という県学調類似問題の実施、〇〇スタンダードを代表とするゼロトレ的な教育政策。こうした現場実態を冷静にみれば、悉皆で行う県学調が教育現場にどれほどの負の影響をもたらしているかは誰もがわかることである。

報告12　北海道における「全国学テ」による点数競争と子ども置き去りの教育支配の実態

斎藤　鉄也（全北海道教職員組合書記長）

「全国学テ」の調査問題や質問紙が、教室での学習内容や学習方法を縛る圧力に

「全国学テ」が始まった2007年、私は高学年の複

式学級を担任していました。一日テストを実施するために、5年生は3・4年学級に預け、6年生と教室に残りました。6年生は、大資くん一人だけです。楽しそうな5年生の様子を気にかけながら、3時間のテストを何とか終えて、最後に質問紙調査に取りかかりました。

質問紙調査を進めると、各教科のテストの内容についての設問があり、中には、「あなたは、国語の授業の中で司会をすることがありますか」というものもありました（資料2-2）。この設問に、大資くんは「司会をすることがあるって答えた方がいい？」と尋ねてきました。6年生は1人しかいないので、司会を立てることなどできるはずがありません。それでも、大資くんは「司会をしたことがないって答えたら、先生の立場が悪くなるんじゃないの？」と心配をしているのです。「全国学テ」の調査問題や質問紙が、教室での学習内容や学習方法を縛る圧力となっていることを、子どもなりに感じ取ったようです。

資料2-2

国語《こくご》の問題《もんだい》についての質問《しつもん》（76）

この問題《もんだい》は学級《がっきゅう》やグループで司会者《しかいしゃ》となって話《はな》し合《あ》いを進《すす》める問題《もんだい》です。あなたは国語《こくご》の授業《じゅぎょう》の中《なか》で司会《しかい》をすることがありますか。

1　よくある
2　ときどきある
3　あまりない
4　まったくない

資料2-3　児童生徒向けのチラシ

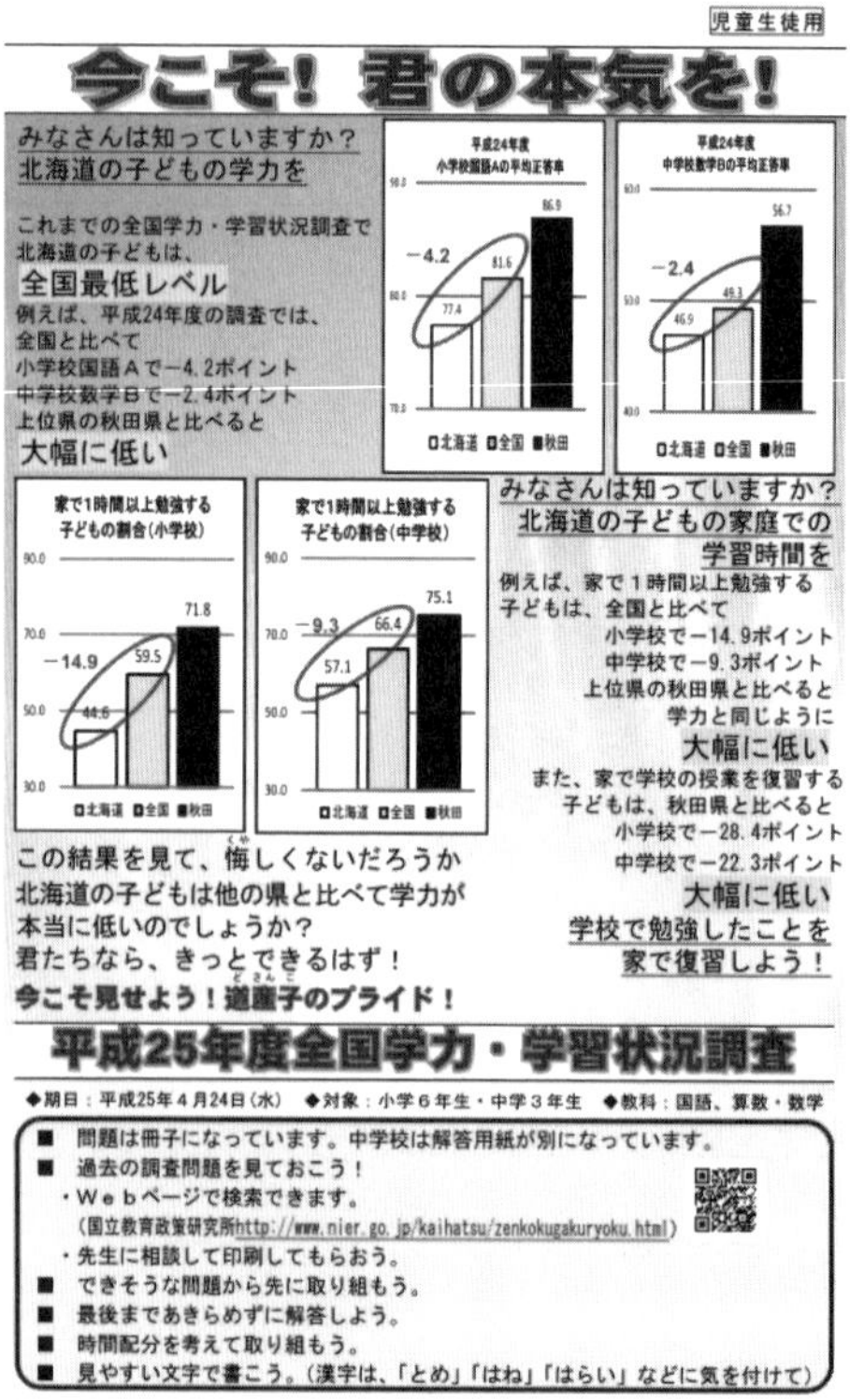

（出所）北海道教育委員会

「全国最低レベル」とことさら強調する道教委

その後、道教委は、「全国学テ」の順位が低いことをことさら強調して、学校に対しさまざまな「学力向上」策を押しつけてきました。

２０１３年には、２０１７年度までの「北海道教育推進計画」の改定案を決定し、２０１７年度までに達成すべき目標として、全国学テの平均点を北海道の14管内すべてで全国平均以上にすることなどを盛り込みました。

そして、児童生徒向けに「今こそ！君の本気を！」とのチラシを配布しました（資料2-3）。その中には「全国　最低レベル」「大幅に低い」と繰り返して強調し、「この結果を見て、悔しくないだろうか」と煽るような内容です。同じようなチラシを保護者向けにも作成し、配布しています。

「チャレンジテスト」実施の押しつけと、学習内容への介入

「全国学テ」開始から間もなく、道教委は「学力向上」のための取り組みとして、「チャレンジテスト」を各学校に配信しました。当初は授業時間以外での実施も認められていましたが、すぐに必ず授業時間中に取り扱うよう変更され、教育委員会に提出する各教科の年間指導計画に「チャレンジテスト」が明確に位置づけられていなければ、訂正し再提出するよう求められるようになりました。チャレンジテストは、どの設問についても一人ひとりの解答状況をすべて入力しなければならず、担任の大きな負担にもなりました。

道教委作成の問題の他にも、各教育局や市町村教委が独自に作成した問題が配付されているところもあり、日々、「全国学テ」対策に明け暮れることとなりました。

「チャレンジテスト」で、北方領土の島名を答えさせる問題は、小5から中3まで、毎年欠かさず出題されています。一人ひとりの解答状況を報告させるわけですから、これによって、各学校で北方領土学習を重点化させようとする道教委の意図があることは明白です。

「チャレンジテスト」の活用について道教委が作成した保護者向けのチラシには、「公立高校の入試にも活用」と書かれています。高校入試に活用されると周知されている「チャレンジテスト」をおろそかにすることはできないため、結果として、毎年欠かさず出題される内容は重点的に取り扱われることになります。

英語「話すこと」調査で現場は大混乱

２０１９年の全国学力・学習状況調査で、中3を対象に英語「話すこと」の調査が初めて実施されました。前年度に全国１３６校を抽出して実施された予備調査で明らかになった数々の問題点への対策もなく現場に丸投げされたため、各地でさまざまな混乱が起きたとの報告が、北海道各地の組合員から寄せられました。各学校では、調査前日の準備に深夜まで対応するなど、大きな負担があったことが報告されました。

調査前日の朝に、教育委員会からＵＳＢメモリが1本送られて、ある中学校では、担当教諭の他、教頭、学年団、情報処理担当教諭などが夜8時過ぎまでの作業を強いられました。パソコンを1台ずつ確認し、不具合が生じれば、その都度対応しなければなりません。

当日の調査にも、さまざまな問題点が報告されました。同じ部屋で同時に調査を行うため、他の子が答えている声がヘッドホン越しに聞こえてしまい、まねをして答える子もいて、他者の発話の影響を受けてしまう状況でした。ついたてもないので、他の人の顔を見て笑ってしまうなど、集中して回答できる環境ではありませんでした。また、パソコンの性能によって、音声が一人ひとりに聞こえるまでにタイムラグもありました。

英語を含めた「全国学テ」の結果が公表されると、現場には「英語力向上」のさまざまな対応が求められました。ある管内では、8月に結果が公表された直後に、すべての中学校の校長が集められ、結果が思わしくなかったとして「迅速且つ徹底した取組」が指示されました。

その内容は、「結果の分析をした上で、生徒へ解説、解き直し」「教育局作成の学習支援ツールの活用」「各学校でサポート問題の作成、実施」「全学級の英語授業公開と指導主事による指導」「すべての英語教諭が教育局主催の研修を受講」など、9項目にも及びます。「英語力向上」と言いながら、内容は「全国学テ」英語調査の正答率を上げるための対策です。膨大な対策が課せられた子どもや英語の教諭には大きな負担がかかります。

少なくとも、現場を混乱させ、多大な負担を生じさせる英語の調査は、即刻中止すべきです。

中止となった「全国学テ」が、北海道では各地で実施された

２０２０年の「全国学テ」について、文科省は、実施

しないこととしました。新型コロナウイルス感染症の拡大状況や休校の影響などを考慮したということです。しかし、北海道では、文科省が配布した問題冊子などを活用し、各地で「全国学テ」が実施されました。

道教委は、7月9日に、「令和2年度全国学力・学習状況調査等を活用した検証改善サイクルの確立について」の通知と事務連絡を出しました。

資料2-4　全国学力調査をめぐる年間サイクル

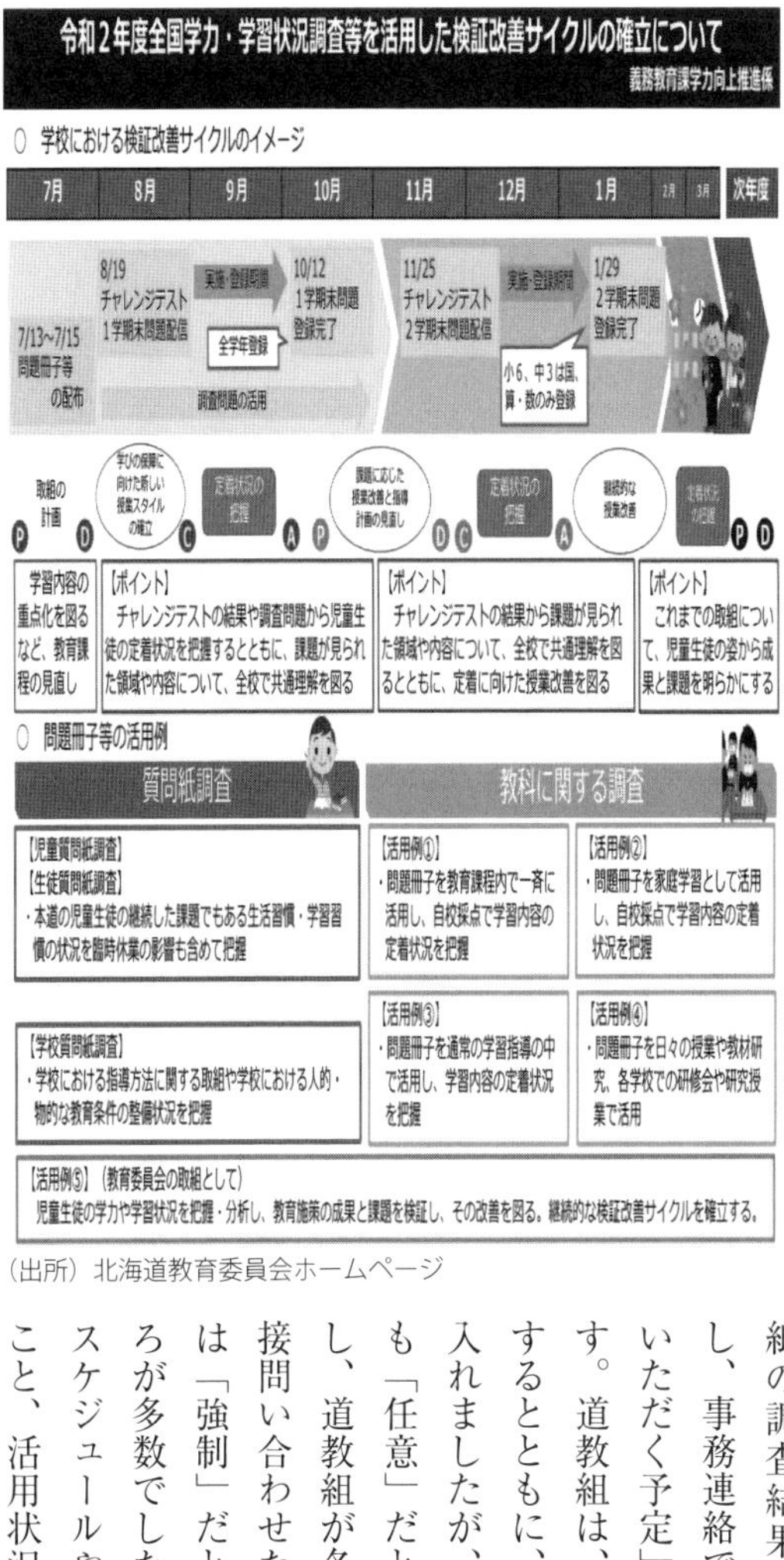

（出所）北海道教育委員会ホームページ

教科に関する調査について、「問題冊子を教育課程内や家庭学習で実施し、自校採点で学習内容の定着状況を把握」「問題冊子を活用しながら授業を進め、定着状況を把握」という「例を参考に児童生徒の学力の状況の把握等に活用」することとしています。

また、児童生徒質問紙調査については、「任意による」としながらも、「各学校において実施した児童生徒質問紙の調査結果を提供」することとし、事務連絡で「10月末までに提供いただく予定」と期限を示しています。道教組は、即座に道教委へ抗議するとともに、要請書の提出を申し入れましたが、道教委は、あくまでも「任意」だと主張しました。しかし、道教組が各地の市町村教委に直接問い合わせたところ、市町村教委は「強制」だと受け取っているところが多数でした。道教委が具体的なスケジュールや活用例を示していること、活用状況に関するアンケートを行うと事務連絡をしていることが、その理由です。道北の管内では、教育局長名で通知が出され、「全国学テ」を9月1日〜15日の期間中に実施、採点結果を「入力シート」に記入して市町村教委に提出するほか、道教委作成の「チャレンジテスト」に加えて教育局が独自に作成したサポート問題等に年9回、すべての学年が取り組むこととなりました。

その他、多くの市町村で、日時を定めて「全国学テ」を実施し、採点をして教育委員会に報告をする対応に追われました。中には新型コロナウイルス感染症対応を優先させるため、通常の授業の合間に少しずつ「全国学テ」問題に取り組む、夏休み中の宿題とするなどの対応をした市町村もありました。

北海道は全国に先駆けて臨時休校が始まり、他県よりも長期に及びました。その北海道こそ、文科省の通知にある「その後の状況及び学校教育への影響等を考慮」をふまえるべきであり、「全国学テ」の「活用」を通知する対応は異常です。「全国学テ」による点数競争と子ども置き去りの教育支配からの解放は急務です。

報告13 地方都市の小学校の、さらに小さな特別支援学級の現場より：コロナと全国一斉学力調査を考えてみた

加茂 勇（新潟市公立小学校教員）

特別支援学級の子どもの声

「コロナで休めて、家ではたくさん遊ぶことができて、休校って最高だったよ」

「今年はゆったりできてうれしい。だって、いつも春はテスト勉強ばかりで大変なんだもん」

「休み時間に遊べるっていいよね。自分の好きな遊びができるし。強制的に全部の学年で遊ぶのも好きじゃないし、休み時間の運動会の応援練習なんて、もっと嫌だったから」

これは、僕が授業の中で行っている2分間スピーチの中で出てきた子どもの言葉の一部です。2分間では、楽しく明るく、好きなことを話していいよとしています。そして、できたら周りの友だちにも伝わるようなことだとさらにいいねと伝えています。子どもたちが、おどけながら笑顔で話してくれた言葉ですので、誇張や冗談も含まれるかもしれないのですが、そこには大切な真実があったと感じています。

僕は小学校の特別支援学級の自閉症・情緒学級の担任をしています。担当には、4・5・6年生のIQ100前後のADHDやASD（自閉症スペクトラム症）の子どもが多くいます。なかにはIQが100を超える子どももいますが、学習面に困難があったり、授業に集中できなかったりします。学校生活でいくつかのトラブルを起こし、途中から特別支援学級に転籍してきた子どもが多くいます。僕は、こんな子どもたちがコロナ禍の大変な中でどうなることかと心配しました。ですが、子どもたちは予想に反して、分散登校後、そして現在の学校生活でも安定して過ごしてきました。

困難のある子どもたちが安定するなんてことが、なぜ起こったのでしょうか。それにはいくつか理由があると考えます。コロナの怖さは、学校やテレビ等で学んでいる子どもたちですが、身近な家族や友だちには、被害がなかったことは大きいと思います。そして、子どもたちが喜んでいたのは、「各種行事のための休み時間の練習がないこと」や「全国一斉学力調査対策やNRT対策のための学習がなかった」ということにヒントがあるように思います。

一つ目は行事についてです。近年の僕たちの地域の学校には、休み時間に「運動会の応援練習」「持久走練習」「縄跳び大会への練習」等が組み込まれていました。僕たちの地域では、5月に運動会があり、例年4・5月には、休み時間に隙間なくスケジュールがつまっています。今年はそれがありませんでした。教師も学校行事等がなかったため、休み時間に学級の子どもにゆったりと向き合えました。

二つ目は全国一斉学力調査やNRT（全国的な相対評価の標準化された学力検査）対策としての、過去問題の繰り返し練習などがなくなりました。忙しい時期に、学力テスト等の対策があることで、子どもも教師も疲弊していたのです。特別支援学級の子どもたちは基本、平均点には加算しないのですが、交流授業の中で学力テスト対策には参加していました。当然、通常の学級の子どもたちにも多くの負担があったと想像できます。

三つ目は、学習に関することです。分散登校中の学校では、密を避けるため、ペナルティや補習としての休み時間や放課後の居残り学習等がありませんでした。子どもたちは、家に帰って遊べると喜んでいました。

オンラインの学習会より

僕たちは北陸や東北の教師たちで月1程度のオンライン学習会を行っています。そこでわかったのは、他校の特別支援学級の子どもたちも、休校後は安定して過ごした、ゆっくりと時間が流れた、など僕と同じ経験が多かったことです。学習会に参加していた養護教諭の話では、5月は保健室への来室人数が増えるのが通例なのに、今年の来室回数は、少なかったということです。体調不良は（心の不安からくるものも多い）、コロナによる不安からの増加の予想に反して、少なかったという話でした。僕は「休みを保障すること」の大切さを今回のコロナ禍で知りました。

特別支援教育と通常の学校の文化

通常の学校においては、「黄金の3日間」などという言葉があります。これは、特別支援教育の世界から通常学校にきた僕には不思議な言葉でした。学年がはじまる最初は、特別支援教育では、「ゆったりと子どもとその家族と教師との関係性をつくることが大切」だと学んできた僕には理解しづらい言葉でした。しかし、こんな言葉が広まったのには理由があるはずです。起こる可能性のあるトラブルを未然に防ぐには、最初の3日間、教師も子どもも頑張らねばならない、春には多くの困難が一気に押し寄せてくることに対応しないといけない、そういう学校文化が関係しているのではないでしょうか。

特別支援教育で考えてみます。実は特別支援学級に限定すると、この10年間で全国の在籍者数が2倍以上に膨れています。特に自閉症・情緒学級の増加が著しいです。勤務する地域もそうです。これは通常の学級でトラブルを起こしてしまう子どもが増えた結果だとも言えます。ですが、僕の知る限りの情報といくつかの知っている物語では、それらの子どもがコロナ禍では安定して過ごしていました。とても不思議なことです。

とすると間違っていたのは、忙しくなり過ぎる教室やそれを求める学校だったのではないか。疲弊してしまう子どもがいることに、もっと目を向けるべきだったのではと、僕は感じています。また、学力テストの点数を上げるために、困難のある子どもたちが気になってしまう大人の存在があったと思います。特別支援教育の推進による障害理解が進み、この子どもたちのためだよという善意での行為があったためと説明できるかもしれません。

現場の忙しさは、学校行事、学力テスト、教師の危機管理などと関連していました。僕には、それらの目的を遂行するための安全装置として特別支援学級が利用されてきたように見えます。特別支援学級ならば、少人数で対応することができる、何かあったら丁寧に話を聴くことができる、何かあったら○○できる。現在の特別支援学級は、通常の学校の運営を安全に行い、通常の学級からこぼれ落ちる子どもたちをすくう安全装置として機能している気がするのです。そして、その安全装置を発動しなくてはいけない引き金（トリガー）の一つとして学力テストがあると考えるのです。

2分間スピーチの実践

今回意識してきた実践は、冒頭で紹介した2分間スピーチです。僕は綴方教育に憧れていました。しかし、書くことに苦手意識の強いＬＤの子どもたちが思いを文字にして表現するには、時間の確保の問題がありました。今回でいうならば、いつ休校になるかわからないうえ、交流学級では学習の回復のための授業がつまっていました。僕は自閉症・情緒学級の子どもたちには、書くことよりも自分を伝えることが大事と考えました。まずは心の中の揺れを伝えて欲しいと思ったのです。

ゆっくりと子どもと向き合うなか、小さな声で少ない言葉で子どもたちは語り始めました。共に過ごす中で、言葉は少しずつ増え始めました。子どもは日常にあった兄弟姉妹との遊びや喧嘩のエピソード、家の自慢のペットのこと、友だちと遊んだこと、家族の誕生会などを紹介してくれました。コロナに関するニュースを伝える子ども、安倍首相から菅首相への交代を興味深く調べて教えてくれる子どもも。知りたいという要求もあったでしょうが、誰かに伝えることが好きになってきたようです。

ある子どもが言いました。「誰かに伝えるって面白い」と。それを聞いた他の子どもが「自分の話すことを、しっかり聴いてもらえるって嬉しいね。だって、普段は忙しくて聞いてもらえないから」と。さらにはこういう子どももいました。「3行作文は大変なのに、2分間話すのは簡単なのはなぜだろう。不思議だな。勉強じゃないからかな」と。自由に語る子どもがいて、それを聴いてくれる子どもと教師がいる。ゆったりした空気が流れ、笑顔がある。2分間の素敵な時間が流れていました。

休みに価値あり

コロナ禍においては、ゆっくりと子どもを見て、話を聴いて、授業で丁寧に文化と科学を教えることこそが重要なのではないかと思うのです。ゆったりと授業をする。これらは、行事等を保障すべきと思う人からの反論覚悟で、あえてゆったりとすることが大事だと言いたいです。そして、「子どもの発達を待つには、休みを保障することが大切」だということを、もう一度みんなで考えたいのです。子どもの権利条約では、31条で「締約国は、休息及び余暇についての児童の権利並びに児童がその年齢に適した遊び及びレクリエーションの活動を行い並びに文化的な生活及び芸術に自由に参加する権利を認める」と記されています。

しかし実際の子どもにはそれが保障されていません。でも日本中の教師も、休みを保障されていない、休みを奪われることを当たり前と生きています。だから、子どもが休みを奪われている感覚に気づけなかったのではないでしょうか。教師に休みを奪ってはいけないという人権感覚が弱いとも言えます。

僕たちは呪縛を持っていることを自覚しなくてはいけません。僕を含め多くの教師がもっている呪縛は、「休みに価値がない」「ボーっとしてはだめ」とか「学校で休むのは違うでしょ」「がんばらないといけないでしょう」などです。この呪縛が子どもを追い込んでいると自覚しなくてはなりません。そして、学力テストが、その呪縛をさらに強めていることも再確認する必要があります。

授業のネタに気がついたり、文章の内容に閃いたりするときは、お風呂に入っているときやドライブしているときだったりします。人気のラーメンだって、トッピングするほど美味しくなるわけではありません。しかし今の学校ではＰＤＣＡのせいで、何か追加しないといけないと思う大人が多くいます。追加し過ぎのラーメンのような美味しくない学校が増えているのです。

僕が少し心配に思ったのは、休校中に課された数多くの課題に対する家族の不安でした。それを望む家庭もあるかもしれませんが、それにより家族関係を壊す可能性がありました。宿題を消化することに力尽きていた家族もあったからです。学校外でも、子どもと家族をゆったりさせることが大事です。

ぜひ、休みの価値に注目し、子どもの発達を保障できる学校を築いて欲しいです。その価値を脅かしかねない学力調査について、みんなで再考したいと思います。

報告14　全国一斉学力調査はいらない

コロナが教えてくれたこと

大江　未知（兵庫県公立小学校教員）

「よく来たね」「待っていたよ」「元気だった」と子どもたちを迎えた学校再開の日の喜びが忘れられない。

6年生になった子どもたちは、少し大人っぽくなっている気がした。男子の何人かは声変わりしていた。背が5センチ以上伸びた子もいた。全体的に色が白くなっていた。はにかんだ笑顔が愛おしい。

休校中、教師たちが一番に心配していたのは、学校がないと困る子どもたちの生活だった。「ちゃんと食べているのか?」「寝ているのか?」「困っていることはないか?」「元気でいてほしい。早く会いたい」と願った。宿題も出したけれど、学校の仕事は「学力保障」だけではないと合意があった。

再開された学校は、感染防止のための分散登校で、机も前向きで一つひとつ離した。例年の新学期初日は、学級のメンバーに悲喜こもごもで、進級した決意も加わって華やかな雰囲気になる。子どもたちは、消毒液の臭いのする教室で、マスクをつけ、手を洗って、静かに座っていた。

3ヵ月の休校で、友だちと遊んだり、話したり、食べたりの学校の生活の全部が失われた。新6年生は卒業式や入学式に参加して、最高学年になる自覚を持つこともできなかった。我慢して生き延びて会えた。だけど、本当に安全なのだろうかと子どもたちは戸惑っていた。私が経験した阪神淡路大震災後の学校再開の爆発的な喜びに比べると、なんと慎ましくお互いが遠いままの再開だろう。抱き合い、身の温かさを確かめることも許されず、そこにいること、声が聞こえ、気配やまなざしを感じあうことで、一緒にいることを喜び合った。

しかし一方で、それは丁寧で柔らかい教室だった。宿題の確認もしたが、できていないことを責めるのではなく、できていない部分はゆっくりと教える学級だった。教師の指差しや励ましのまなざしの中で、子どもたちはいつもより頑張って学習に取り組めた。

これらは、分散登校による少人数学級の成果として語られることが多いが、6年生担任の実感として「全国一斉学力・学習状況調査」（以下「全国学力調査」）がなかったことも大きかったと指摘しておきたい。もし、「全国学力調査」が例年のように学校再開後すぐに（例年4月の第3、もしくは第4火曜日に実施）行われていれば、教師はテスト準備を整えるために多忙になり、新学期の宿題の量はさらに苛烈になり、コロナ禍に苦しむ子どもたちは学習に参加しづらい状況になったと思う。

コロナは、少人数学級の心地よさと「全国学力調査」のない新学期のゆとりを教えてくれた。

子どもたちと詩を楽しみ、物語を楽しむ

いつもなら、学級開きは、子どもたちの体が開くようなつながり遊びを考えるのだが、今年はできない。だから、まど・みちおの「ぼくがここに」を読みあうことから始めた。マスクごしながら、一人ひとりの声が響く。

結衣は「自分は、コロナで頑張れなくて、しんどくなるばかりで、勉強も手につかなかったから、消えたいなって思うことがあった。この詩は生きることの素晴らしさを教えてくれる詩だと思いました。あんまりきれいごとは言いたくないけど、そういう詩なんだと思いました。

Aさんが、みんなで自粛して命を守ったことがすごいと思えるような詩だって言ってたけど、そうかもしれないとも思いました。最近は、本当にみんな平等なんだろうかと思うようになりました。黒人差別やコロナのアジア人差別や殺人など、人間は守られてるんだろうかと思います。だからこそ、人権尊重をうたっている詩にも見えました」と書いた。

感想を交流では「結衣の不安に共感。感染者や死んだ人が何人って発表されて、少ないと、よかったですねって、酷い」「人が数字にされ、病気の人を責め、戦いに負けた人みたいに馬鹿にしてる」「貧しい国の感染拡大がウイルス変異につながり再上陸が怖いってニュース、貧しい国の命より日本人がうつったら、どうすんねんって感じで、自分勝手で恥ずかしい」などと意見が続いた。

結衣は「私だけが深刻なのかと思ってたけど、みんないろいろ考えてることがわかって、ほっとした。学校が再開してよかった」と言った。

野球少年の翔は「僕は、詩なんか今まで好きじゃなくて、嫌だったけど、みんなで考えていると、いろいろな意見が出て、僕もいろいろ考えられて、広がっていくの

が楽しかった」と言った。子どもたちが、お互いの声を聞き合うことを喜んでいるのがうれしかった。翔は「僕は今までずっと土曜、日曜は野球やったけど、3か月自主トレだけで、試合もなかったから、一人で音楽聞いたりしてた。家でじっとしているのは、ものすごくしんどかったから、学校でみんなとちゃんと話したり考えたりするのがうれしいねん」と説明してくれた。

「全国学力調査」があれば、小学校は40分の授業を45分に変更し、国語・算数・質問紙で、だいたい午前中いっぱいの授業がつぶれてしまう。6年生だけでなく、他の学年にも、チャイムや休み時間の変更などをお願いしなくてはならなくなる。詩の世界をみんなでゆっくりくぐる授業はできなかったかもしれない。

コロナ禍を生きる子どもたちに「全国学力調査」は不要

コロナ禍は厄介だ。忍び寄り、子どもたちから日常の学校生活を奪ったのに、姿は見えない。風景を破壊し、身近な人の命を奪っていった阪神淡路大震災とは恐怖の質が違う。目に見えないけれど、どこかにいて、常に注意をしなければならないという状況は、さながらホラー映画のようで、子どもたちも教職員も長期間の緊張を強いられている。

さらに「これで終わり」が見えない。いつまでと、はっきり目標があれば耐えられるが、何もかもがよくわからない。さらに大人たちは一方で「GO TOキャンペーン」と言い、一方で自粛を言う。学級の子どもたちは「大人なんて当てにならない」と口では元気に言っているが、信頼できる大人に支えられながら自分を作る学童期に、不信と緊張が常にあり、見通しもつかない状態は、大きなストレスになっているに違いない。

9月に入って、有名私学中学受験に向けて塾に通っているカンちゃんが「塾も密を避けるために窓を開けて勉強してるねんけど、9時過ぎくらいから酔っ払いのおっさんの声がうるさい。大人は自由に飲んだり食べたりしてるのに、なんで、小学生はいまだに全員前向いて静かに黙って給食を食べろと言われるのか納得できひん!」と言い出した。彼は「6-1タイムス」(学級の係のひとつ。学級の歴史係と学級新聞係が学級の公式ツイッターになっている)の代表なので、「向かい合って楽しく給食を食べたい」キャンペーンをしている。学級のほとんどの児童が賛成しているが、実現には至らない。ソーシャルディスタンスを確保するには教室は狭すぎる。「もし、感染者が出たらさぁ、6年1組は給食でしゃべりまくってたって絶対ディスられる」が超えられない。

それでも、子どもたちの声を聞き取る形で、中止されていた委員会活動が動き出し、放送委員会による「お昼の放送」ができるようになった。4年生以上の各学級の代表と、委員会の代表で構成する代表委員会で、縦割り活動の再開が決められた。「1年生と遊びたい。入学式も、迎える会も縮小版で、運動会もないなんてかわいそうすぎる。これが小学校なのかって思わせたら、学校嫌いになる」という意見が続出した。特に活発な児童会活動をしているわけではないが「コロナ禍で大変な時期だからこそ、自分たちで考えてできることを、一番小さい1年生にしてあげたい」思いがあふれる会になり、参加した教師も子どもたちも励まされた。

文部科学省は、授業の遅れは2~3年かけて取り戻せばいい、心のケアを大切にするという方針を示した。しかし、多くの学校が土曜日も夏休みも授業をしたり、行事を削ったりしている。楽しみな行事も大切にし、子どもたちに仲間との共同の学びと豊かな学校生活を保障したいと思わない教師はいない。それを阻害しているのは、「全国学力調査」体制に他ならないのではないだろうか。子どもたちが「1年生を大切にしたい」という願いをもち、考え歩みだしている。「全国学力調査」の平均点をあげることにならなければ価値のないことだと切り捨てきた文科省が「遅れても取り戻せばいい」という通知を出している。しかし、結局「全国学力調査」の結果が悪ければ、「世間様」「保護者」「地域」から責められるのは、現場の教師なのだからと、学校現場は追い詰められる。「全国一斉」「悉皆」「学テ」から解放され、「学力・学習調査」が本来の目的を取り戻せば、子どもたちの声に応えられる学校になれるような気がしてならない。

現場の教師は、今こそ、子どもたちを「全国学力調査」の枠に押し込めるのではなく、子どもたちが本当に学びたいこと、本当に必要としていることを学ぶことができる教育を生み出す努力をするべきだ。子どもたちはすでに「全国学力調査」の枠を超えて、考え始めているのだから。

第3章

全国一斉学力調査のない2020年度
―コロナ対応下の学校で……

吉益　敏文

第1・2章から全国の現場が悉皆学力調査の実施にともない、いかに苦悩しているかと、あきらめと疲弊の中で真剣に子どもたちと向き合っている状況とが明らかとなった。教職の経験年数の違いや学力調査への考え方の違いがあったとしても、結局は学力調査をボイコットすることはできずその実施に協力している。1961年から1964年にかけて行われた全国一斉学力調査に反対する動きがあったが、そのような動きは現在はない。教職員の批判的な思いに対して、保護者の思いや考えは必ずしも教職員と同じ立場とはいえない。こうした社会的条件の中、今年はコロナ禍の影響で全国一斉学力調査は中止となった。2020年春の現場の様子・状況をアンケート調査や聞き取り、さらには第2章から考えてみたい。

1　二人の校長の何が違うのか

アンケート調査の分析の前にタイプの違う二人の校長のとった態度を比較しながら現場の状況と違いの原因について考えてみたい。

筆者は二人のタイプの違う校長に出会った。学力調査が悉皆になり、すべての公立小学校・中学校で実施されるようになった頃である。秋田県や福井県で学力調査の結果が毎回上位になり、その経過と「教訓」から過去問題を何回もやることが日常化しだした。A校長は「学力調査があるからといって過去問題を何回もやることはやめてください。本当の学力の結果がわかりません。日常の授業を大切にしてください。私は学力調査は抽出調査でいいと思っています(1)」と言った。

学力調査が実施されても何ら教育課程に変化はおこらなかったし、その結果について論評されることもなかった。もちろん過去問題集を何回もやることはなかった。校長室で会議のあと誰もいなかったので「学校長、学力調査対策を特別にするように教育委員会や指導主事から強く言われませんか？」と聞いてみた。校長は「学校の最高責任は校長。指導主事や教育委員会ではないよ。学力調査対策より日常の授業実践が大事です。だから気にせず普通に実践に取り組んでください」。

ベテランのA校長だから言える言葉かもしれないが、学力調査の結果に一喜一憂しなかったし、本来の学力調査のあり方についての基本的な考え方をもっていたのでさまざまな「外圧」にぶれることもなかった。教職員も気持ちよく実践が展開できた。

A校長の後任に赴任したB校長はことあるごとに「私が校長ですから私の言う事には従ってもらいます」「子どものために頑張ってください」というのが口癖だった。学力調査が実施される頃、突然職員会議で「学力調査前にはしっかり過去問題集をやって子どもたちを慣れさせてください」と力説した。「今まで、学力調査前に特別な事をしませんでしたが」という教職員の質問に対して「私が校長ですからその意思に従ってください」とさまざまな疑問にも答えずに一方的に議論をとじてしまった。毎日のように過去問題を強制的に練習させられた様子を危惧した保護者がPTA総会で「学力調査の練習問題で授業が割かれるので子どもたちが嘆いています。学力調査は本来の子どもたちの学力の定着をみるのですから過去問題集を何回も練習するのは本来の趣旨からはずれていませんか、校長先生のお考えはどうですか」と鋭い質問があった。校長は「子どもたちのためです。こうした形式に慣れてもらうために必要です」と答えた。それに対して「今まで、そんなことをこの学校ではしてこなかったように思いますが」という質問に対しては「私が校長ですからその意思に従っていただきます」と一蹴して議論を打ち切った。「校長が変われば学校が変わる」というのがB校長の持論だったが教職員も保護者も「何を言っても聞く耳を持たない校長」と認識し次第に何も言わなくなった。結局のところ過去問題集を数回やっても全くやらない時と結果はかわらなかった。しかし、校長の姿勢で随分と学校の雰囲気は変わっていった。無力感が沈殿していった。ただ、学校の主人公は校長ではない、子どもである。校長の保身や思惑で子どもや教職員に強制することはいましめなければならない。学力という概念についてどれだけ教育的造詣があるか、二人の校長のとった態度はその差にあると思う。

2　2020年コロナ禍　全国の現場は

2月27日の安倍首相による突然の一斉休校「要請」、その後の緊急事態宣言による休校という事態がなければ今年も例年のように「学力調査」は実施されていたはずだ。現場の中では「不満だが学力調査の結果が教員の査定・給料に利用されているからしかたがない」「管理職からの圧力があるからやらねばならない」といった全体にあきらめの雰囲気もあった。「あまり学力調査の結果にふりまわされない」といった考えは存在するが「反対してもどうしようもない」という無力感も存在していた。

そうした中での文科省による「学力調査中止」の通達である。これがどう現場に反映されたのかいくつかの取材やアンケートの中から考えてみる。全国一斉学力調査が実施されない現場はいつもとどう違うのか、加えてコロナ禍の休校という事態が続く中での特別の状況がどうであったかという点についても記入してもらった。方法はアンケートによる回収と聞き取りを行った。アンケートは①2020年。学力調査が中止になり、例年との学校の状況の違い、②全国一斉学力調査が悉皆でなくなり、抽出もしくは中止になるとどのように学校生活にプラスになるか、③コロナ禍の4・5月で困ったことは何か、の三点について問い、自由記述で書いてもらった。

(1)　滋賀県　北川健次さん（小学校）のアンケートから

4月から休校が続いたので「学力調査ができるはずない」という思いが多かった。中止の知らせに対して「やっぱり」という声が圧倒的だった。しかし、「学力調査を活用せよ」という指示のもと、教師は調査問題を解いておくように言われた。あまり強くは言われなかったのでそのままにしておいた。ただ、子どもは学力調査がなくなり喜んでいたし、過去問題を練習する時間もなく普通の授業ができてよかったという声も多かった。学力調査の学力観がおしつけられなくなることから、県からの学力平均点競争もなくなり対策的取り組みもなくなりよかった。コロナ禍の中で、子どもたちに連絡したり家庭訪問で対話したりと大変だった。教職員にとっても休校は大変だったが、子どもにとっては課題が膨大に出されて苦痛だったたと思う。

北川さんはベテランの教師なので、学力調査による平均点競争や教師間の比較などに対して批判的であり、教職員組合のリーダー的存在なので職場の中でもその問題点を指摘し合意を広げていく立ち位置を持っていた。しかし、その組合の学力調査に対するアンケート自由記述で、「担任にとって平均点が全国より高いかのプレッシャーは大きい、少人数の学校や支援の必要な子が多い学級は平均点の上下だけで判断されるのは相当のプレッシャー」という声が多い。「平均点にふりまわされる」「授業返上で対策問題を熱心に行い、結果が全国上位だと自慢している学校があり、『ドービング』と呼ばれている」などの報告がされている。こうした事態が２０２０年にはなかったということだ。

(2) 京都府　山田陽子さん（小学校）・相模光弘さん（小学校）のアンケートから

山田さんは一斉学力調査がなくなっても学校の主だった変化は全くなかったと語っている。ただ一斉学力調査が実施されないことによって忙しい新学期に、子どもとの関係づくりや大切な課題にじっくり取り組めること、意味のない対策（過去問題集の反復練習等）に苦労しなくていい、これまで学校で指導していない内容の難しい試験問題に、子どもが苦しまなくてもよいなどの点を挙げている。そして、３月の子どもたちとの突然の別れ、子どもたちの日記を紹介している。

休校とつたえられた時の気持ち（３月24日）
今日、とつぜん山田先生から
「３月２日に学校に来て、そうしたらもう４月になるまで学校にきません。」
と言われたとき、
（こんな終わり方いややな。３年生のさい後の３月だったのにな。もうみんなにもあえへんのか～。さみしいな～。山田先生ともおわかれか～）

と思いました。
3年生、もっとみんなと遊びたかったけど、しょうがないな。だって、コロナウイルスにならへんためやし、けど、もっと遊びたかった。(2)

突然の休校に子どもたちはやり場のないつらさ悲しさを綴っている。教職員や保護者のとまどいはもちろんであるが、子どもたちは声に出せず複雑な思いをしている。こうした状態におかれた子どもたちに4月からいきなり学力調査のための過去問題集をさせたり、教師が練習や、その実務に追われることはだれも望んでいない。子どもたちの思いに寄り添うならば全国学力調査を中止にしたのは当然の判断といえるのではないだろうか。文科省がそうした子どもたちの思いをくみ取ったかどうか疑問ではあるが。そして山田さんは、何よりも学力調査の予算をもっと他の大事なことに回せると強調していた。コロナ禍の中で4・5月より6・7月のほうがよっぽど困っていて、酷暑の中の登校、クーラーの設定温度を19度にしてもすぐに30度になるので大変だった、何よりもコロナ禍で世間の目というか、「先生、何してるの?」というまなざしが一番つらかったと語っていた。山田さんは教職経験約10年以上の中堅教師である。

ベテラン教員の相模さんは、6月まで休校だったわけだから実施は無理がある、現場は2ヵ月のブランクをどう埋めていくか、新学習指導要領本格実施に伴う「評価・通知票」の変更にどう対応するか、その対応に意識が集中していて学力調査など頭になかった、と語っている。

「やれ」と言われているから学力調査を実施しているのに過ぎないから、「中止」と言われれば歓迎すべきものである。

そもそも「調査」によって、都道府県の平均点を公表している時点で、調査の目的から逸脱している、各自治体の競争をあおっているだけである。抽出調査すらいらない。「学力調査」が実施されなくなれば、教職員、特にそれに関わっている教員のプレッシャーが和らぐ。実施することによって、担当者は自校の結果に安堵するか落胆する。結果をちゃんと今後の指導に生かすようなシステムや方法でなければ、実施する意義はない。コロナ禍の4・5月については地域の教育懇談会で「安倍首相の突然の休校措置はいらなかった」

と発言した保護者の声が印象的だった。多くの混乱を招いたということである。子どもたちの様子は学校再開後、「静か」だった。学級の中には入室から始業まで、外にも遊びに行かず、友だちと会話もせず座っている子が数人いた。「外に遊びに行かないの？　友だちと何かしないの？」といっても無言だった。この子たちに多くの不安を作ったのではないか、徐々に元気になっていったが、それは外見だけで子どもたちの内面を丁寧にみていく必要がある、学力調査がない中じっくり子どもの声を聴く事に重点をおいた。特に再開後の子どもたちの様子を見ていて、表情が乏しく、話の内容を聞いていないように感じる事が多かった。２月末の頃と明らかに違う事態だった。こちらから発言を促しても、何も返ってこない、無言のまま……（え～どうして～）と違和感を持ち、その要因を考えていた。３ヵ月の空白が大きいように感じた。つまり、この３ヵ月の間「みんなで学習すること」を子どもたちはしていない。学習塾もしばらく休止していたし、学習といえば、通信教育を含めた個別の学習のみである。

学校でこそできる集団の学びの大切さを痛感した。子どもの声を丁寧に聴き合うことを、教師も子どもたちも特に大切にしなければならない。たまたまコロナ禍の中での特別な４月からの１学期であった。通常の４・５月であってもこの時期はじっくり子どもとむきあい聞きあいお互いを深めていく時期である。その貴重な時間を学力調査のための時間にしてはならない。

山田さんと相模さんは２０２０年の１学期、子どもの声を丁寧に聴きとる大切さを日記や日常の子どもたちの何気ないしぐさから語ってくれた。今年の学力調査の実施はコロナ禍の中で中止になった。４・５月は何よりも子どもとの丁寧な信頼関係を構築する大切な時期である。その貴重な時間にこそ子どもとの信頼関係をいかに構築するかがとても重要である。

(3) 大阪府　谷しずかさん（小学校）・岡田やまさん（中学校）に聞く

谷さんは次のように話している。

学力調査の中止により調査対策にとらわれず、目の前の子どもたちの様子に合わせて授業することができた。コロナ禍でたくさんの行事変更などがあったが、調査の日を気にすることなく子どもたちのことを考えた行事予定を組むことができた。また対策プリントなどを宿題にわざわざ出したり授業でしなくなったので、コロナで時数が足りなかったが授業の進度に合わせた学習ができた。ただ市内独自の調査の実施が決まり、学校の順位づけがされたり、クラス単位での成績（国語・算数のクラス平均）が公表される。現在の校長はとても学校の順位を気にしており、人事面談の際にかなりクラス成績のことを言われるのでプレッシャーを感じる。たくさん「調査のための学習」をせざるをえない様子が目に見えていてつらい。

中学校の岡田さんは以下のように書いていた。

大阪のチャレンジテストも中止になってよかった。テスト範囲を意識して授業しなければというプレッシャーがなくなった。けれど、昨年のチャレンジテストの成績で学校の評定平均値が決められ、それに従わないといけないというのは本末転倒だ。大阪は人事評価が給料に直結するので「学力調査」結果というものが見えない圧力として存在していると言える。

学力調査が悉皆でなくなると、中学校現場はゆとりある授業ができる。調査前日の放課後に学力調査の解答用紙にすべての個人名のハンコを押したり、問題用紙の仕分け、教室のテスト準備、別室受験の準備、試験監督の割り振り、実施後の発送処理等の教師の雑務が大幅に減少する。その分放課後、生徒と向き合う時間が増える。チャレンジテストの前日準備もほぼ同じなので教師の負担は大きい。

小学校現場でも行事をどんどん減らしていくのでなく、結果を順位で出し、評価するような学力テストこそ削減すべきだと意見が出ている。テストがなくなれば教師同士、自分のクラスを数値で比較することがなくなる。真の学力につながらないテスト対策ではなく本当に子どもたちに向き合う時間が増えるからいい。

コロナ禍の中で授業時間確保が子どもの実態ぬきに語られ、教育委員会への提出書類は例年通り、子どもの活躍の場を削り楽しみの場がどんどん減っていくことに違和感があったと報告されていた。谷さんも岡田さんもコロナ禍の中で学力調査がなくなったことを歓迎している。しかし学力調査体制が学校現場に「浸透」していて時間数の確保や膨大な書類提出などの状況はあまり変化がない実態も明らかになっている。子どもたちにどのような力をつけていくのか、子どもたちの素朴な問いにどのように応えていくのかが今問われている。その逆の方向を学力調査悉皆体制は作っているといえるのではないだろうか。

(4) 兵庫県　大河未来さん（小学校）に聞く

兵庫県の中の人口が多い西宮市の状況を大河さんに語ってもらった。

都市部の比較的階層の高い、塾産業が盛んな地域である。従来から、全国一斉学力調査対策を取らなくても平均値より高い得点を得ているので、保護者も「全国一斉学力調査」に高い関心があるわけではない。また、教職員の研究テーマも「子どもたちにつながり合う学び」で、学力調査体制に組み込まれることに抵抗してきた。むしろ、塾産業が誘導する過酷な私立受験体制のひずみが、子どもたちの学びを阻害し高学年の学級崩壊の要因にもなってきたので、幼い子どもたちの序列的・偏差値的なものの見方に対抗する学びを追求してきた。ある教頭が「全国一斉学力調査」の問題を全教職員で解いて理解し、そのうえで、子どもたちの調査結果を分析して授業改善を！と主張した時も、研究部で拒否した経緯もある。5年生の冬休みや6年生の最初の春休みに、「全国一斉学力調査」のための課題を出したことはない。そういう意味では教職員全体で「全国一斉学力調査」の問題点を考えてきた経過がある。

しかし、例年「全国一斉学力調査」実施のための市教委主催の悉皆出張が、事前に1回、事後に2回行われる。学年始めと、音楽会・図工展の超多忙な時期に行われる。また、調査は物々しい雰囲気で送られてきて、校長が確認して受け取り、実施した調査用紙も厳重に学年全員で確認して送り返すという仰々しい「儀式」が今年はなかったので、大変よかった。例年は結構な時間・労力・金がかかっている。

さらに、事後の調査結果の分析も必ず授業改善と結んで報告せよと言われているため、研究主任が作文を書かなければならないので、その手間もいらなくなったのはよかった。「全国一斉学力調査」の点数の悪い学校は、研究全体会などを開催して自分たちの授業を

「懺悔」すると聞く。その序列は固定していて、毎年、学校の順番はおおむね決まっている。問題はその時その学校に所属している教師の授業ではなく、その学校のある地域の階層の違いによるものであることは明らかなのに、1点上がった下がったということが問題になるのはおかしい。大半の教師がそう思っているが、教育委員会は毎年分析を押し付けてきて恥じる様子もない。

全国一斉学力調査が抽出、もしくは実施されなくなると次の三点が改善されると思う。

第一に6年生と学校の負担が少なくなる。

第二に学校間・地域間の競争がなくなる。特に、学力調査の点数の悪い学校では学力テスト問題に沿った授業が行われる懸念があり、その学校のその教室の子どもたちと教師が生み出す授業ができなくなる可能性がある。一つのものさしで、国が示した基準で学力を測りとるのは危険である。抽出調査になれば少なくとも学校間・地域間の競争はなくなると思う。

第3に学校の授業スタンダードなどが緩められる。スタンダードは、どの子もどの教師も単一の価値観で測りとることができるという思想に支えられているように思う。「全国一斉学力調査」は調査の問題ではなくて、「全国一斉学力調査体制」の問題だと考えている。ここが解決しないと過度に競争的な日本の教育が、豊かな公教育を最も必要としている貧困な子どもたちに最も激しく押し付けられ、学びから排除され豊かな人生を望むことすらできないことを自己責任だと感じてしまうことになると思う。

4月からのコロナ禍で、休校措置、感染予防など何ら教師は主体になれなかったのがつらかった。全て政治パフォーマンスで押し切られ、子どもや父母の願い、学校の判断は聴きとられなかった。その結果、学力格差、虐待、貧困など、学校が支えていた子どもたちがより苦しい状況に追いやられ、それをわかっていながら教師は動けなかった。家庭訪問すら感染防止の観点からできなかった。子どもが来なければ教師は何の役にもたたないのかと苦しかった。

大河さんは学力悉皆調査の結果は教師の「指導力」などでなく階層差からきていると明快に述べている。いわゆる学力の高い地域では保護者は初めからその結果など気にしていない。私学志向という意識は別の意味で学力悉皆調査の平均点競争など問題にしていないのである。

平均点競争の「学力」ではなく、いかに私学受験に成功するかの「学力」や「技術」が必要とされている。

(5) 国立大学附属学校中村耕太さん（小学校）に聞く

国立大学の附属学校では学力調査の結果で校長から呼び出され、校長もまた学長から呼び出され詰問されという事態が続いていた。中村さんの語りである。

「全国平均より低い理由を説明せよ」と聞かれ、質問者が「納得」する回答をしないと何度も時間をかけて「恫喝」のように質問され苦しかった。学長は「文科省に説明しないといけない」と言い、校長だけでなく、当時の6年担任団を呼び出したこともあった。2020年度は学力テストがなかったので呼び出されることがなくなり安心した。

今年はコロナ禍で、学童保育が午後からしか開所しない方針を出し、やむをえず自宅で過ごせない児童を学校で預かり教員が対応することになった。授業は行えず在宅勤務もできず、ただ「対応」のみの期間は精神的にも苦痛だった。また、その間、教育研究の場（学校内外の研修や民間研究団体の読書会・研究会）は「感染拡大防止の観点」から行われないことになり、子どもの預かりという「対応」との矛盾にストレスもあった。学校再開に向けていったん停止したものを再度動かすための会議、加えて「感染防止拡大の観点」という対応の面も多い学校再開は、職場の合意形成を生み出す点においても心身ともに負担が大きかった。こうした対応で学力調査対策について考える余裕など全くなかった。

中村さんは地域の民間教育研究活動の中心を担っていて自らの実践を発表し、理論的学習をつみあげている。学力調査の中で明らかになる「学力」平均点競争の無意味さもよくわかっているが、それでも毎年のように結果を気にし、呼び出され詰問されるのは苦痛だった。これは国立大学附属学校だけに限らず全国の公立学校でも校長・教育委員会レベルで行われている風景である。こうした風景は明日の教職員の力の源泉にはなりえない。

3 第2章の手記から明らかになったこと

第2章の手記からいくつか見えてくることがある。東京都の小学校教員、中山さん（報告7）は、コロナ禍の中で分散登校時の少人数授業の効果を実感したという報告がたくさんあったと、自身の組合での相談窓口の対応からの経験を書いている。中学校では去年まで不登校気味だったと聞いていた生徒がこれをきっかけに登校が増えたこと、小学校では、少人数授業で目が行き届き個別に指導しやすくなったとしている。コロナ禍の学校で必要なことは全国学力悉皆調査ではなく、分散登校時の少人数学級だと明言している。

京都の葉狩さん（報告5）は教職員組合と教育委員会の交渉の中で、教育条件については教職員の要求に真摯に応えてくれるのに、教育課程に関わることについては文科省・府教委からの流れには自主的に判断できないと「思い込まされている」思考が問題だとしている。学力調査に対しては「平均点以上の結果を出すこと」が教師の力量を問われることになると「思い込まされている」と断言している。この教育委員会の姿勢は２０２０年の４月に発刊された『学力テスト全国最下位からの脱出沖縄県学力向上の取り組み』（諸見里明著、学事出版）の中に鮮明に記されている。教育長自らの熱い語り口でいかに最下位から脱出したかその奮戦記である。教育委員会のテンションの高さ、「涙ぐましい」努力の足跡の記録であるがそこに子どもや父母の真実の姿は語られていない。元小学校教員の和泉さん（報告4）は手記の中で、沖縄県の不登校率は全国1位~3位、情緒・自閉学級6年在籍児童は10年で20倍（17人（２００９年）から３４１人（２０１９年））となり、問題行動は約4倍に増えていると記している。子ども不在の中で平均点競争の中に巻き込まれ、その結果に一喜一憂している姿がみえる。沖縄県の見本となったのが学力調査の結果の「上位県」と言われる秋田県から学んだとしているから何をかいわんやである。

こうした実態は沖縄だけでなく全国いたるところで起こっているのである。「大阪チャレンジテスト」という独自学力調査に対して三人の手記（報告1、2、3）は、子ども、保護者、教職員の声を紹介しながらその問題点や苦悩に鋭くせまっている。埼玉の金井さん（報告11）も埼玉県学力学習状況調査の課題を明らかにし、北海道の斎藤さん（報告12）も北海道独自の「学力調査」実施の矛盾、北海道教育委員会の学習内容の介入を厳しく批判している。

和歌山県の小学校教師、榎本さん（報告6）は現場は学力調査がなくても何も困らない。目の前の子どもたちの現実を見据え何を実践し、どんな力をつけていくかをこそ討議し考えたいのである。同じ和歌山県のスクールソーシャルワーカー阪本さんは、不登校で苦しむ子どもたちの対話を通して、「学びとは何か、学力とは何か」と疑問を投げかけている。学力調査で測られるものは極々一部であって、子どもたちはそれで測られることに傷ついていた。悩んでいる中学生の子どもたちの学びの問いにがんばれ、がんばれーと追い立て、狭い教科書だけの学力に狭めてはいけないのだと書いていた。ましてや2020年度はコロナ禍でその対応に追われ大変だったため、子どものことをじっくり語り考えることが例年以上に必要だった、と手記にまとめている。中国地方の元市議会議員の土屋さんの報告（報告10）から地域、保護者に学力調査の結果の公表がどのようにひとり歩きしているのか、その弊害の事実が明らかになっている。

1960年代の香川の状況を中尾さん（報告8）は『学テ日本一物語』（明治図書、1965年）から「テストあって教育なし」「教育の荒廃」とまとめている。同じようなことが今の学力調査体制にあらわれているのではないかと警告している。教育委員会だけでなく多くの教職員もこの学力調査体制の「催眠術のようなマジック」のしかけに当たり前のような感覚、「無力感」に陥っている。しかし、このコロナ禍の中で子どもと向き合う中、矛盾をかかえながらもそれぞれが小さな学校づくりを始めようと模索している姿の事実も多くの手記や記録に示されている。たとえば新潟の加茂さん（報告12）は手記の中でコロナ禍の中だったからこそ子どもとゆったり向き合うことができた。特別支援学級の担任の立場から、学校が「全国学力調査」対策に振り回されなかったから教師も子どもたちも落ち着いて学校生活を送れたと冷静に振り返っている。兵庫の大江さん（報告14）はコロナ禍であったゆえに、全国学力調査のない新学期のゆとりと少人数学級の心地よさが体験できたと語っている。そして全国一斉学力調査の「悉皆」体制から解放され、その枠に押し込めるのでなく、子どもたちが本当に学びたいこと、本当に必要としていることができる教育を生み出す努力をするべきだと提言している。

4 悉皆学力調査がなくても何も現場は困らない

地域によって状況は異なるが、共通していることは、どの職場でも2020年、悉皆学力調査がなくなったことで困った点はほとんどないということである。むしろ「おどし」や無意味な平均点競争に縛られないし、意味のない実務をさせられることもなく目の前の子どもたちと向き合うことができるということが歓迎されている。

4月5月の本来なら子どもとの出会いの大切な時に何をこそ大事にするかである。平均点競争の結果も子どもたちの住んでいる環境・地域・階層差でほぼ確定しているのである。「教師の指導の違い」などとおどす校長も、教育委員会から「校長の力量の違い」などと判定され、そうした視線におびえていることがこうした言動に表れているのではないだろうか。

現場の教師たちは、子どもたちにどのような力がついたかを学力調査で測定される学力が限定されたものであっても素朴に知りたいと思っている。ある程度の客観的な資料は把握したいと感じている。

そういう思いはあるが、その結果を巡って他府県との比較や地域での学校の序列を知りたいとは思っていない。ましてや限られた学力の測定のために日常の教育実践を棚上げすることなど望んでいないのである。学力調査の結果が教師の「指導力」や教員評価の尺度になることは本来の調査の目的を逸脱している。一定の客観的なデータは毎年のようにすべての学校対象の悉皆調査を実施しなくても、抽出で数年ごとの規模で実施すれば調査の目的は十分達成するのである。そして時間をかけて調査の分析を専門的な知見から分析し、現場に生かせる資料として提示すればいい。そこに、競争や「恫喝」まがいの指導は不要である。この結論は提出してもらったアンケートや聞き取りのすべてに共通している。

5 抽出式学力調査の結果を現場に有効的に活用するために

今、現場で横行している「平均点をアップするために学力調査の結果を分析」するのでなく、子どもたちの学力をつけるために何が必要なのだろうか。学力という概念が広いためどういう力が必要なのかはさまざまな解釈がある。○○力という言葉からPISA型学力をつけなければならない、読解力が足りない、などとまことしやかに語られるようになった。たとえば算数・数学の分野で文章問題の結果が悪いと「国語の力だけでなく算数における国語力がたりない」など。国語力という言葉がひとり歩きして、とにかく書くことを大切にしなければならないということから「理科における国語力」「体育における国語力」などわけのわからない造語が流行のようになった時がある。他方で、計算の力をつけるために100マス計算を何回も練習しスピードアップをはかる。あげくの果てに「早寝、早起き、朝ごはん」の徹底が確かな学力をつけるとして行政区単位で取り組んだ所もある。こうしたテストの結果をよくするための調査分析ではなく、それぞれの地域・学校の状況に応じて教育課程を計画していく、子どもたちの状況に応じた重点課題を明確にしていくための調査結果の分析が大前提である。それは日常の教育実践に束縛がなく、学年や地域との比較をするためではないということも確認しておく必要がある。

注

（1）京都府は全国学力調査実施前から小学校、中学校で独自の学力調査を実施して、一部に過去問題集を何回も練習させていた。
（2）京都教育センター『ひろば』№２０３、39頁。

第4章 全国学力調査の悉皆実施は、なぜ競争を誘発するのか

久冨善之

1 2020年は、学力調査悉皆実施の現状が問題化してきた

(1) 内田良さんの問題提起

2019年12月30日のYahooニュースに、名古屋大の内田良さん執筆の記事がでていた[1]。そこでは、全国学力テストのために例年「過去問練習がテスト前」に行われるなど、事前対策が全国に拡がる状況として、以下のような事例が紹介されていた。

「全国学力テストは恒例行事のように学校の年間スケジュールに組み込まれて実施されている。2019年度もまた、公立校の参加率はほぼ100％であった」、「『先生、今日は練習ですか？　本番ですか？』／全国学力テストの都道府県順位で例年上位に位置しているX県で、今年の4月に小学生が先生に発したひと言である」、「X県では全国上位を維持するために、**過去問を解くなどの事前対策**に余念がないという」（太字は原文）、「少しでも学級の平均点を上げるために、直前に練習問題をくり返す」などと、学力調査の事前対策の今日的な状況が批判を込めて記述されていた。

記事後半では、全国学力調査が「競争の過熱」と「子どもの学びが阻害されること」のほかに、「教師の長時間労働」をひどくする点と、「全数調査は必要か？」[2]との二つの問題提起をしている。

(2) 高知県・土佐町の意見書

それより前の12月10日に、高知県・土佐町の町議会が、学力調査を「悉皆式から抽出式に改める」を要求する「意見書」（資料4-1）[3]を決議し、文科・財務両大臣

資料4－1　土佐町の意見書

全国学力調査に関する意見書(案)

文部科学省は2007年より、全国の小学校６年生、中学校３年生を対象に、全国学力調査を行ってきました。全員参加方式（悉皆式）で実施され、学校別の成績を開示する地方自治体が次々と現れたため、今日では都道府県や政令指定都市などの地方自治体の間だけでなく学校間の点数競争を引き起こしています。全国学力調査の対策として、都道府県、さらには市レベルでも模擬試験を導入する自治体が激増し、平成30年度は、全体の約70%の都道府県が独自の学力調査を実施し、さらには85%の政令指定都市までもが独自のテストを行っており、子どもたちはテスト漬けの状態です。

このような状況を受け、国連子どもの権利委員会は2019年２月、子どもにとってあまりにも競争的な日本の教育環境を改善するよう、日本政府に勧告しています。不登校や子どもの自殺が社会問題であるいま、国に求められているのは、早急に子どものストレス要因を取り除く努力なのではないでしょうか。

教員に関しても、ただでさえ過労死ラインを超える過重労働が問題視されている中で、教員はテストの分析と対策に終われ、疲弊しています。2018年に実施された、経済協力開発機構(OECD)による国際教員指導環境調査(TALIS)でも、教員の週平均労働時間は、加盟国平均の38.3時間に対し、日本は56時間と最長でした。

また、教員不足が社会問題となり、全ての教室、教科に教員を確保することさえできていない状況があります。一方で、毎年50億円を超える税金を大企業が実施する全国学力調査に費やし、各自治体でも数億円を超える予算が自治体テストに費やされていることには、矛盾を感じずにいられません。

もし、全国学力調査の目的が「調査」であるならば、サンプル調査で十分です。子どもや教員への深刻な影響を懸念し、全国学力調査を、悉皆式から抽出式の調査に改めることを求めます。

以上、地方自治法第99条の規定により、意見書を提出します。

令和元年12月10日

高知県土佐町議会

文部科学大臣　荻生田　光一　様
財務大臣　麻生　太郎　様

に提出した。ＮＨＫの取材に、土佐町の川村雅士町議会議長は「４０００人足らずの町の意見書が全国に波及されることを、期待したい(4)」と述べた。そのインタビューが高知放送局から同夜に放映された。「意見書」で挙げられた「悉皆式学力調査の問題点」は、次の6点である。

i、都道府県間・政令都市間の平均点競争を生じ、また「学校間の平均点競争」も発生させている。

ii、独自テストを行う都道府県や政令指定都市が7～8割、市町村のテストもあり「子どもがテスト漬」状態にある。

iii、国連子ども権利委員会が勧告する「高度に競争的な教育制度」の改善につながるどころか、逆に競争関係を強めている。

iv、ＯＥＣＤ諸国で最長の教師たちの過重労働状態が、学力調査でいっそう悪化している。

v、教員不足が深刻になり、各自治体は「全ての教室、教科に教師確保が難しい状況」にあるのに、それがよりひどくなる。

vi、毎年、小・中合わせ50億円以上の民間教育産業へのテスト委託費に、国費が費やされていることに矛盾を感じる。

この簡潔な問題指摘には、共感を呼ぶアピール力がある。それにまた「全国学力調査の目的が『調査』であるならば、サンプル調査で十分です」とあり、悉皆式学力調査が調査本来の趣旨から外れている点を指摘している。

地方の町議会のこの意見書は、国が行ってきた「学力調査の悉皆実施」の政策を的確に批判している。

批判点を補足すると、たとえば（ⅰ）（ⅱ）（ⅳ）については、全教（全日本教職員組合）による２０１８年の全国的調査がある。[5] その対象は、全国だけでなく都道府県で行われている悉皆式学力調査も含んでいる。主要な結果は、事前の指導内容では「過去問題の指導をした」が73・0％、「学テを想定した宿題を出した」が40・6％となっている。過去問練習などの事前準備が各地で広く行われていることがわかる。さらに２割弱の学校でこの時点で学校別平均点が公表されている。また「学校独自採点・集計」や「結果分析」などが教職員の長時間過密労働の要因になっている。さらに、設問７の「子どもたちと教職員にどのような影響がありましたか」（自由記入）の欄には、子どもたちの声・姿が出てくる。子どもが「ウチの学校は市内で最下位だから」「学力調査をくり返すことで『できない』と意識する児童が苦手意識を強めることになり、どんどん算数嫌いが増えている」「子どもに、『△△中はアホやろ』と自己肯定感をもてないような発言が見られる」とある。教師の状況として「年度初めの多忙な時期に大変な作業量が求められる。授業スタートが……一週間遅れた」との教師の声もある。教職員への圧迫と苦悩そして批判のことばがそのまま生々しく並んでいる。それは全国学力調査への現場からの「告発」である。

(3) 朝日新聞の「現場へ！」の特集

朝日新聞・夕刊の「現場へ！」という特集コーナーで、「どうする小中学力テスト」という記事が２０２０年３月９日～13日の週に連載された。

［1］ 全員参加への疑問 高知から
［2］ 排除生む 大阪の「団体戦」
［3］ 沖縄 脱「最下位」の副作用
［4］ テスト対策のためのテスト
［5］ 公平性担保か 不当な支配か

という五つである。

それは、全数調査への疑問（［1］）、低順位の大阪府・沖縄県での実情（［2］・［3］）、高順位秋田県・福井県での無意味な努力とそれへの反省（［4］）、賛否の立場から（［5］）の内容である。特に各地に起こっている状況の取材は読ませるものだった。しかし方式が「悉皆」になるだけで、なぜ多くの問題が生じるのかの分析と、学力調査の戦後史の把握とに弱点を残していると思う。

以上の(1)(2)(3)の三つの問題指摘は総体としては的確で、2013〜2019年の7年間に第2次安倍政権のもとで行われた「学力調査の悉皆実施」が「良かったのかどうか」が社会的批判の俎上にのぼるときがきたと思わせた。

こうした批判が高まる中で、2020年度の全国学力・学習状況調査の実施は、4月16日に萩生田文科大臣の「感染症拡大防止」を理由とする「中止」の発表で、今年度は一つの決着をみた。

これまでに1・2・3章で、また本章「1」の(1)(2)(3)で見てきたように、全国と地域の学力悉皆実施は無駄・無意味と、多くの教師たち・保護者たちが思っている。それでも、全国と自治体の悉皆式学力調査で、多くの学校が教師がその事前準備や事後指導に大きなエネルギーを注いでいる。自治体・学校・教職員がなぜそこまではまるのか。その「なぜ」を、以下では考えたい。

2　学力調査の全国悉皆実施は競争を仕掛け、学校・自治体を平均点競争に巻き込む

(1) 高知県における学テ10年の総括

ところで2020年度に学力調査が中止されても、悉皆式全国学力調査の問題点が解決したわけではない。また悉皆式がなぜダメで、行うとすれば抽出式（サンプル調査）が妥当なのか、という論点・争点が消えたわけではない。この2節では、「はまる必然」を「社会過程としての競争」という視角から考える。

「高知民研だより」№67の冊子（「学びの意欲を奪う学力テスト体制」）には（冊子は第1章でもとり上げられたが）「まえがき」に次の一文がある。[6] 高知県独自の学力調査は、

> ……その目的は「本県の学力課題である小学校中学年からの二極化、中1ギャップによる学力の低下に対応するために、小学校5学年及び中学校2学年の児童生徒の学力の定着状況を把握し、学習指導の充実や指導方法の改善に生かすとともに、……」。……そのことが、より「学力向上」の競争を激化させています。

この冊子まえがきは、高知県でのそれまでの10年間に「過去問練習」などが広がり、「学力向上」の競争を激化させていることを分析・指摘しているものである。県教委の言う「学力検証改善サイクル」が、競争を激化させるという指摘に学ぶ点があった。第1章で検討されているように、善意の学校・教職員の中で、なぜそういうことが起こってきたのだろうか。

(2) 競争は、仕掛け・仕掛けられる

①文部科学省の真意とは？

文科省は、「テスト結果を地域間競争や学校間比較に使用するのは好ましくない」と表明している。しかし競争は、人間や集団が持っている本源的エネルギーに深く根ざすので、いったん誰かが競争を仕掛けた場合には、結果として生じる競争熱が燃え上がって止められないという性格がある。

文科省は「各都道府県の平均点を公表」するだけでもう「競争を仕掛ける」ことができてしまうのである。それをあとで批判して見せてもそれはポースに過ぎない。競争は仕掛けられた人々の間で激化することになる。それが競争過程のメカニズムの必然なのである。(7)

②学力調査の悉皆実施の「真の目的」—民主党政権時代も続いた競争の仕掛け

第5章の戦後史で見るように、2007年から今次の全国学力調査の悉皆実施が始まった。民主党政権時の事業仕分けで「学力テストの全数実施は無駄遣い」という理由から一時期サンプル調査になった期間がある。その際に文科省は、全数調査を実施する予算がなくても「全国一律の抽出率」ではなく、「都道府県別の抽出率」という設定をした。つまり児童・生徒数の少ない県は抽出率が高く、そうでない都道府県は抽出率が低くて構わないというやり方である。

こうした設定の意図は、統計的に信頼できる「都道府県の平均点」を算出・公表して、平均点比較の競争に誘うことであった。結果データから元の母集団の傾向を小さい誤差で推計するには、統計学的には「抽出率の高さ」よりも、「抽出されたサンプル数の一定以上の確保」が重要なのである。

文科省はこのやり方で民主党政権時代にも、各都道府県の平均点を出し続けた。都道府県の平均点を公表する

と、マスコミが順位をつけて報道し「平均点競争」の仕掛けは維持されたわけである。「調査の目的」の1項に「全国的な児童生徒の学力や学習状況を把握・分析し、教育施策の成果と課題を検証し、その改善を図る」と書いてある。だから国は結果をその立場から検討して教育政策や教育条件整備の不十分さを反省、それを教育政策の修正・改善に生かすことが求められる。筆者はそれを示す官庁文書を見たことは一度もない。つまりそれは表向きの目的でそれに取り組む意思はないのである。

その「調査の目的」には、「各教育委員会、学校等が全国的な状況との関係において自らの教育及び教育施策の成果と課題を把握し、その改善を図り、併せて児童生徒一人一人の学習改善や学習意欲の向上につなげる」(2007年の「調査の目的」の2項)、つまり平均点結果を知らされた各教委・各学校が、全国平均と自分の結果を比較して改善課題を見つけて「学力向上」に取り組むことになる。そういう競争に誘い込むことを真の目的として、この全国学力・学習状況調査の悉皆実施は始まり、続けられてきた。それで本当に「学力向上」が実現するのであればまだしも、「平均点競争を伴った学力向上策」がそうならないことがいま明らかにされ批判されている。なぜそうならないのか。

(3) 競争の「巻き込み・巻き込まれ」作用

①競争は当事者たちを巻き込む

「競争」は辞書風に言えば、「目標(物)の達成(獲得)を目指して、互いに他者を上回ろう(先んじよう)とする者同士のあいだに生じる一つの社会関係の型」である。その積極面は、競争参加者の目標の達成への努力の集中を生み出す点である。その問題点は多数指摘されてきたが、主なものは、(a)参加者の緊張・ストレスを生み出すこと、(b)自己の努力や発達よりも勝利指向が上回る本末転倒(勝つためにはなんでもする)がはびこり拡大する、の二点である。

ここから考えると、都道府県間・区市町村間・学校間の平均点競争は、当事者たちを強い緊張とストレスに追い込む。同時に、当事者が競争している「学習者たちの学力向上」という元来の目標よりも、平均点順位さえ上がればいいと、「過去問練習」という学力・学習状況の実態を偽る間違った取り組みが広がる。また「一部の生徒の欠席を促す」や、第2章にあった低い点数が予想される子どもを特別支援の学級・学校へと移すなどの深刻な不公正が、各地で生ずることになってくる。競争はそれにいったん参加すると、そこでの上昇・勝利指向が参加者の心を捉えるので、参加者はその指向から逃れられなくなり、競争に巻き込まれることになる。

②巻き込まれた者に働く競争過程の作用

競争過程への参加と、その巻き込み作用の働きによって、知らぬうちに平均点数をめぐる競争過程に自ら身を投じた者は、今度はその競争の担い手となる。全国学力調査の関係者がテスト結果公表に刺激されて競争過程に巻き込まれると、この競争メカニズムが、人々の内心にまで「競争の魂」を吹き込む怖さがある。こうして競争当事者たちは、心ならずも巻き込まれた、つまり当初はある意味で被害者だった。しかし、その後は自分もその影響下にある他の人々を巻き込む側、つまり加害者側となってしまう。図4-1に見るように、競争は「渦」に比喩される。そこではいったん生じた「競争の渦」が周辺の当事者たちのエネルギーを巻き込み組織しながら、さらにより多くの人々を巻き込み拡大することになる。

図4-1　競争の渦とその作用の拡大

・渦はいったん発生すると，その周辺にある物体・要素・人間心理に，その渦に向かう作用・運動を呼び起こす。
・すると渦に巻き込まれる物体・要素・人間心理が増加してくる。
・そうなるほど，渦が大きくなり，その巻き込む力が強まり，巻き込まれる諸要素も増加して，ますます拡大していく。

(4) 巻き込まれた者たちに起こる悲劇
——その過酷さとPDCAサイクルの支配

①教師・学校・地域教育委員会に起こる諸問題

教師たちはテストの点数競争に心奪われて、過去問練習に精を出すことになり、それで少しは点数上昇が期待できるかもしれないが、担当する子どもたちの能力が伸びるわけではない。また、低い点数が予想される子どもをテスト当日に休むよう仕向けてしまうという教育者の願いに反することも起こってしまう。校長は、地域内での学校の平均点順位に心奪われ、教師たちの願いに反して、学校順位を上げるとか、地域でトップクラスになるとか、そんな行動にも走る。そうやって教師も校長も被害者から加害者に変身するのである。

都道府県・区市町村の教育委員会は、都道府県間比較や区市町村比較に囚われて、その順位を上げることに執心する。秋田県・福井県の初等・中等教育の全体が他に比べて、全国から視察者が集まるほど傑出しているわけではないだろう。全国学力調査の平均点が続けて比較的良いというだけである。

②学力調査の悉皆実施が、教育の国家支配を生む

前出・高知県教育委員会の「各学校及び各教育委員会の学力検証改善サイクルを確立する」とは、全国学力調査の結果から、学校と地域の年間の教育活動の「改善」に努力する、いわゆる「PDCAサイクル」である。その問題性は、次の点である。

(a)子どもの成長・発達を目標とするはずの教師・学校の教育活動を、試験の点数上昇を目指すものに性格を変化させる。

(b)教師・学校・教育委員会のエネルギーと時間を、平均点競争という無意味な活動に奪い取る。

図4-2　「競争」と「国家統制」と「尺度の一元化」のトライアングル

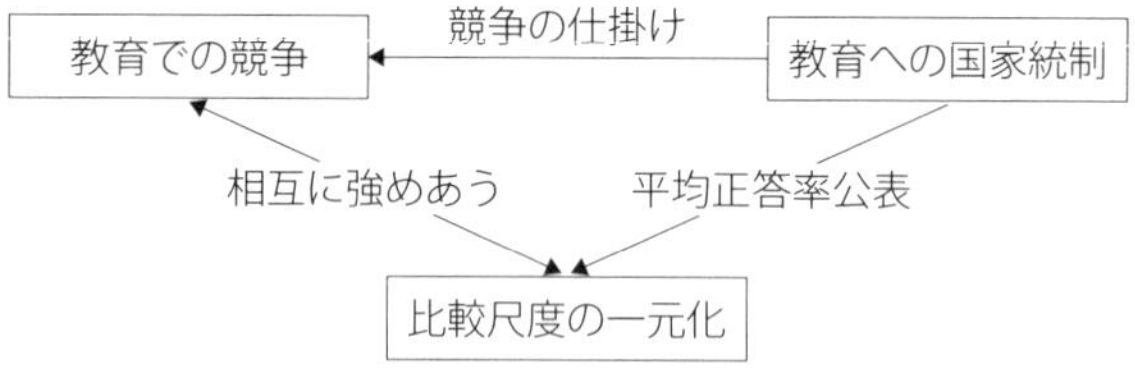

(c)子どもたちは、全国調査に加えて、都道府県・区市町村の調査もあり、いわゆる「テスト漬け」で、学校教育らしい学習活動よりも、点数競争のためのドリルの多い日常の中、その発達可能性を奪われる。

こうしたPDCAサイクルは、年間を通して当事者たちを上のメカニズムに巻き込む(その年間スケジュール戯画は、2章の「報告12(北海道)」の**資料2-4**を参照)。それによってテストで示す「学力」、その上昇への競争が現場の教育活動を支配する。そういう作用が日本の学校教育に働き続けてきたのである。この全国学力調査による国の学校統制は、図4-2にあるような「国家統制」と、学力調査を通じた「評価尺度の一元化」と「競争」のトライアングルと見ることができる。後の二つはどちらも国が仕掛け、国が設定したものである。そして、この三角形ができあがると、「競争」と「一元化」とは相互に強めあってそれが当たり前のように、学校の日常に浸透してくる。

その点で、国が全国的な学力調査をするうえで論点になるのが、それを企画し、準備と実施を進めて結果分析もする専門家委員会の関与である。その性格をめぐる課題については、「結び」で考える。

3 学力格差の発生・拡大を把握し、分析・究明・改善策などを検討するには、サンプル調査こそ有効

(1) 社会階層による学力格差

この間重大問題になってきた学力格差の問題を把握し、分析・究明しその対策を考えるには、やはりサンプル調査が有効である。それは、多くの学力調査の専門家や格差の調査をしてきた学者の共通に指摘するところである。[8]

学力格差こそ、よく工夫され検討されたサンプル調査で行えば、より深い社会的要因とそれへの対処についての有効な結果を得られるはずである。

(2) 学力社会的格差を捉える枠組み

「学力の階層格差」に関連して、サンプル調査で把握できる要因ないし要因群は、「A・学力達成の高低」、「B・社会階層の格差（＝家族生活の経済的・社会的・文化的要因が重なり合って形成される）」「C・生活規律や生活リズムが形成できるか、できないか」というおおまかに三つが想定される。その関連を図化したのが、図4-3である。

Ｂ社会階層の格差は三つのファクターの中では土台の位置にあって、その格差がもたらす作用が、Ａの学校での学力達成の格差につながる。なぜそうなるのか。たとえば「授業で使われる教材・教具に、上の階層の子どもは慣れていて、そうでない層の子どもは不慣れである」という差が学力達成に有利・不利に働くと思われる。学校の生活秩序や環境などに家族のそれまでの生活ではな

図4-3　「社会階層」と「学力達成」と「生活習慣」との規定・相関関係

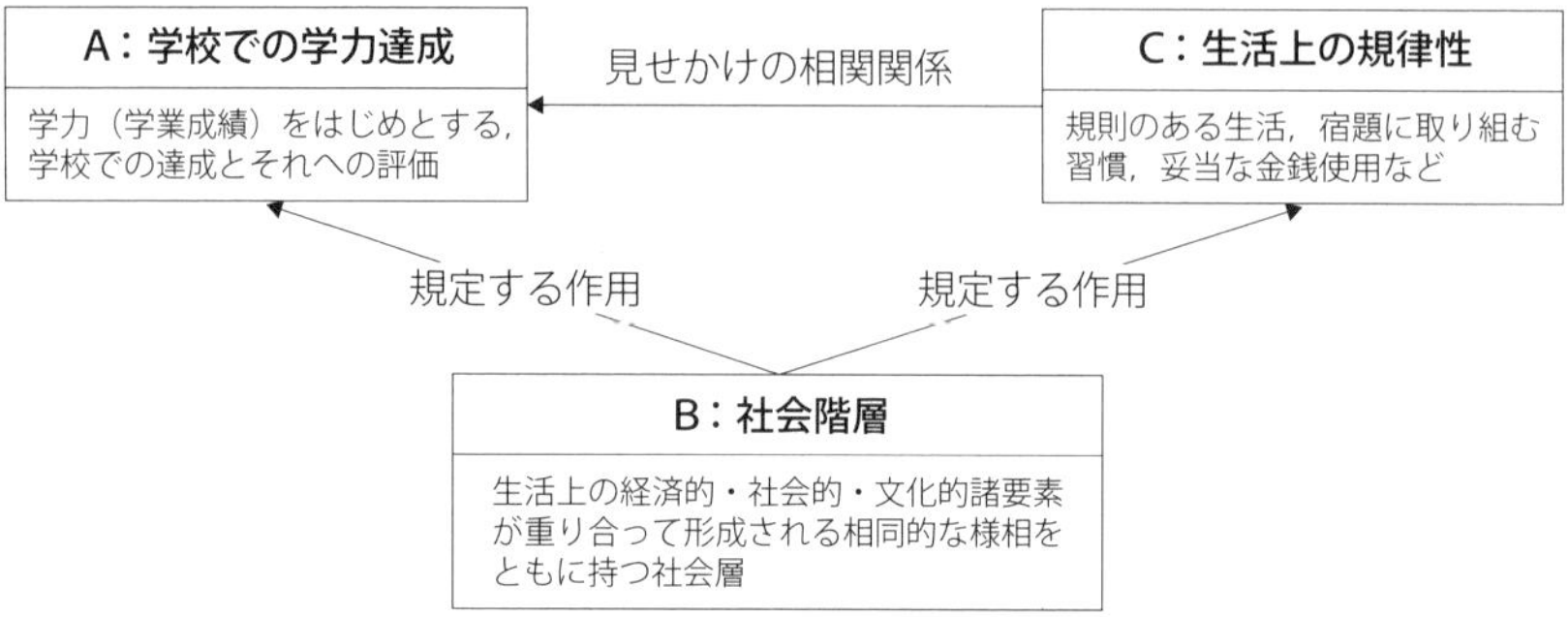

じみのない階層の子どもたちが、学校での学力達成には不利となり、学力格差の下方部分に比率高く位置する傾向がある。また中・上層では学校外の教育機会（塾など）の利用も容易だろう。そうした作用が、Ｂ社会階層格差が、Ａ学校での学力達成の格差につながるという関係が、国際的にも確認され、日本でもこの問題に取り組んできた研究者・研究グループによって明らかにされてきた[9]。もちろんそれは「そうなりやすい」という統計的傾向であって、どの子も必ずそうなるわけではないが。

Ｂ社会階層格差は、Ｃ生活上の規律性（生活リズム）の家族内での形成・非形成にも、やはり同様の作用を及ぼすと考える。だとすれば、ＡとＣの土台であるＢ社会階層格差の作用を受けて、調査をすると、ＡとＣとの間にも統計的な相関（一方の要因の高／低が、他方の要因の高／低につながる）が見出せる。ただそれは、どちらも土台であるＢの作用を受けていることから起こる「見かけの相関」であって、あまり重要な「調査での発見」ではない。それを重要な発見のように考えて提言したのが「早寝、早起き、朝ごはん」による「学力向上」であった。

そういう提言になったのは、調査に関わった人たちが「見かけの相関」という社会調査の初歩を知らなかったのではないだろう。むしろ全国学力悉皆調査の一環として、学力格差の問題に取り組まなければならなかった重大な制約のもとにあって起こったことだと思われる。この提言が導かれた調査を資料4-2に見るような巨額で民間委託しているのである。

子どもたちの家庭状況と学校での達成との関係は、全

資料4-2　2011〜2020年度の学力・学習状況調査の受託業者（同年応札者）と受託額・一覧

		落札者	契約金額	その他の応札者
2011	小学校	ベネッセ	815,850,000円	
	中学校	内田洋行	849,999,999円	河合塾
2012	小学校	ベネッセ	1,431,150,000円	
	中学校	内田洋行	1,741,950,000円	（教育測定研究所と連携）　コダック　ピアソン桐原
2013	小学校	ベネッセ	2,265,900,000円	
	中学校	内田洋行	2,589,287,925円	（教育測定研究所と連携）
2014	小学校	ベネッセ	2,132,550,000円	
	中学校	内田洋行	2,451,750,000円	（教育測定研究所と連携）
2015	小学校	ベネッセ	2,327,400,000円	旺文社
	中学校	JPメディアダイレクト	2,800,000,000円	内田洋行　博報堂
2016	小学校	ベネッセ	2,370,600,000円	日本標準　旺文社
	中学校	教育測定研究所	2,409,480,000円	内田洋行　JP メディアダイレクト　博報堂
2017	小学校	ベネッセ	2,149,200,000円	日本標準
	中学校	電通	1,981,800,000円	ベネッセ　教育測定研究所　内田洋行
2018	小学校	ラーンズ	2,276,640,000円	学研教育みらい　教育測定研究所
	中学校	ベネッセ	2,073,600,000円	内田洋行　教育測定研究所　凸版印刷
2019	小学校	教育測定研究所	1,787,400,000円	コンバイン　ラーンズ
	中学校	内田洋行	2,939,999,999円	ベネッセ
2020	小学校	教育測定研究所	1,667,600,000円	コンバイン　ラーンズ
	中学校	内田洋行	1,846,900,000円	ベネッセ

（注）2011年度は東日本大震災のため，2020年度は，感染症防止のため中止された。
2011,2012年度は民主党政権，2013〜2020年度は第２次安倍政権。
（補足）JP メディアダイレクト　日本郵便と電通の子会社（DM, 広告業）
教育測定研究所　e-learning 事業，本社渋谷区，2001〜
ラーンズ　教材会社，本社岡山市，2001〜
コンバイン　Web 学習支援事業，本社千代田区
（出所）文部科学省総合教育政策局調査企画課学力調査室 HP（https://www.mext.go.jp/a_menu/shotou/gakuryoku-chousa/zenkoku/1344103.htm）より，中田康彦作成

国を対象にしたサンプル調査で行うことが可能である。つまり学問界と政策・行政界との協同による全国規模の実態把握と課題解決方途の検討こそ、求められている。数％や1％でも十分なので、予算額はおそらく現在の何分の一・何十分の一しか要しないだろう。そういう研究を実施せずに、そのかわりに実態解明も改善策検討も根拠薄弱な「全国学力調査の悉皆実施」で、子ども・教師・学校・地方教育行政当局を、それが誘発した競争過程にいたずらに巻き込み、いたく苦しめている。それが起こしている「競争の教育」の状況は、国連子どもの権利委員会からたびたび勧告され、2019年3月の「最終所見」で「極度に競争的制度」と「ストレスフルな学

校環境」から「子どもを解放」するよう日本政府に警告的提言がされている。

4 なぜ全数（悉皆）がダメで、抽出（サンプル）であればいいのか

(1) 全数調査は不正確で、サンプル調査のほうが精度の点で勝るのか、その理由

状況をできるだけ正しく捉えるには「全数がいい」と考える人もいるかもしれない。しかしサンプル調査のほうが実は精度がより高いのである。社会調査を学ぶと最初に出てくることの一つにこの点がある。

（a）ごく小規模であれば全数もあり得る。だからクラスや学年での全数調査はよいだろう。しかし規模が大きく地域も広くなると、全数では調査を企画・実施する人の工夫した調査方法に沿って調査が行われるかどうかのコントロールが効かず、ミスや無理解の可能性が増えて、その点での測定誤差がかえって大きくなる。

（b）結果が調査参加者の利害に無関係であれば別だが、（現行の全国学力調査のような）その平均点順位が各自治体や各学校の教育活動の評価につながる調査になると、本来の調査目的を逸脱した「事前準備」の横行とか、不正行為の実行などが広がる。そのことはすでにたびたび経験している問題である。そのため、結果的には状況のまともな把握を妨げる。

（c）それに比べると、1～数%程度のサンプル調査の場合は、まず無作為抽出（ランダムサンプリング）を適切・正確に行う。そして、その調査の実際の実行者の協力を、調査目的への共通理解をもって得られれば、誤差の範囲が少ない確実なデータが得られる。

（d）その場合、調査企画・実施者と協力学校に信頼関係があれば、どの学校が対象になったかも公には知られず、全数でないので自治体間・学校間の競争関係も生じない。

（e）また対象学校・対象学級が公表されない調査なので、「社会階層」を推定する質問も（プライバシー侵害の批判なく）実施可能性が高く、探求的調査に取り組める。もっともそういう調査は、問題作成から実施過程・分析・検討・公表までがあり、そこには各分野の専門家の力量の結集とその協力関係が必要なので、毎年でなく数年に一度で十分だろう。

(2) 悉皆式は学力調査とは言えない

2節で明らかになったのは、悉皆式学力調査が必然的に都道府県間・区市町村間・学校間の平均点競争を惹き起こすという点だった。3節で見てきたのは学力の階層間格差の問題を、悉皆式は追究できないという弱点であった。そして本節(1)では精度の点でサンプル調査のほうが勝ることを見てきた。

こう考えると全国と自治体の学力調査の悉皆実施は、良いことは一つもない。悪影響・教育破壊作用が目立つ。どの点からも愚策である。むしろ学校教育破壊効果が大きいことがわかる。

注

(1) 内田さんの記事「全国学力テスト　直前に過去問くり返し　子ども・教員に負担　継続か、廃止か、抽出式か」は、ヤフーニュースの次のアドレスで見られる。(https://news.yahoo.co.jp/byline/ryouchida/20191230-00157027/　2020年10月13日最終閲覧)

(2) ここで「全数」は、「悉く（ことごとく）皆（みな）」の「悉皆」と同じ意味。

(3) 資料4-1は同町・鈴木大裕町議のツイッターより（それで表題に「案」がついている)。またこの「意見書」を踏まえて、「学力テストを、悉皆式から抽出式へ」のネット署名運動が始まった。そのフェイスブックのグループ・ページには、次のアドレスでアクセスできる。(https://www.facebook.com/groups/2411223932521540/)

(4) このニュースの放映は、NHK高知局に確認した。議長発言の言葉は、鈴木大裕「土佐町から日本の教育界に希望の光を」『教育』2020年2月号より引用。

(5) この全教調査は小・中学校、21都道府県・9政令市・228区市町村の616校の教職員からの回答によるものである。

(6)「学びの意欲を奪う学力テスト体制（高知民研だよりNo.67)」高知県民主教育研究所（2019年8月）の冒頭より引用。

(7) 社会学の社会過程としての競争のメカニズムは、筆者著『競争の教育』旬報社、1993年を参照。

(8) 枚挙にいとまのないほどあるが、最新のものとして、川口俊明『全国学力テストはなぜ失敗したか』岩波書店、2020年

(9) この課題の調査とその分析は、国内外に限りなくある。新しいものとして松岡亮二『教育格差―階層・地域・学歴』筑摩書房、2019年。また、国際比較では、志水宏吉・山田哲也編『学力格差是正策の国際比較』（岩波書店、2015年）がある。

第５章 戦後日本の学力調査の歴史から学ぶもの
――抽出調査の妥当性を示す戦後史

友田 政義

１ 二度の悉皆調査期は教育を破壊した

１９６０年代前半の中学校２・３年生の全国学力調査の悉皆（全数）実施は、当時の日本教職員組合（日教組）の激しい反対と妨害があって大きな社会問題となった。妨害・阻止闘争で、逮捕者が出てその処分をめぐる裁判と裁判闘争が10年余にわたって続くものだった。その過程で、全国的悉皆実施は「今日の教育荒廃の引き金が引かれた」という競争による学校教育荒廃化の性格を持った[1]。その裁判では「全国学力調査の悉皆実施」の合法か、違法かが争われた。地裁で４件、高裁で４件の違法の判決がでた。１９７６年の「学テ旭川事件・最高裁判決」で一つの法的決着をみた。文部省は、学力調査の悉皆実施を４年間でやめて、抽出調査に切り替えた。こうして一度目の学力調査の悉皆実施は、日本の教育界に重大な亀裂と、教育をめぐる競争の浸透という大きな負の遺産を残した。

２０００年代になって、第一次安倍政権は２００７年に悉皆式の全国学力調査を43年振りに実施した。それは戦後史で見ると、初めて小・中ともに悉皆式で行ったもので、反対意見を無視して強行に導入された。政権交代のため、３年後に止まった。その後３年間の抽出式調査（民主党政権）をはさんで、第二次安倍政権の７年間の悉皆式調査となって今日に至っている。この二度目の学力調査は当初、１９６０年代ほどの社会問題とならなかった。しかし、10年続く間に学校教育の現実を変更し支配する意味では、一度目以上に教育を破壊した。そしていま第１章～４章でみてきたようにその妥当性が社会的批判の的になっている。
こうしてみると、1950〜60年代にあった5+3＝8年の抽出式の学力調査の時期が、比較的妥当な目的・方法の調査が行われていたのに対して、60年代前半と2007〜2019年の悉皆調査の時期に、どちらも問題が多かったことがわかる。以下では、学力調査の戦後史でその点を確かめたいと考える。

2 戦後史を5期区分する

本章では、久冨善之「学力調査は、悉皆式を廃止して、抽出方式で、数年に一回で」[2]を参考にして、学力調査の戦後史を5期に区分している。その際に指標にしているのは、（i）学力調査が抽出式で行われたか、悉皆式で行われたか、（ii）調査に国がどれだけ関与したか、（iii）「学力低下」がどのように問題になっていたか、の三点である。それを指標にして以下の5期の区分を作成した。

［I期］1947〜1955年　抽出調査、国の関与無し、新教育での学力低下
［II期］1956〜1960年　抽出調査、国が実施、I期の「学力低下」論をバックに
［III期］1961〜1967年　悉皆から抽出への交替、国が実施、技術革新対応の学力に照準
［IV期］1968〜2006年　全国規模の抽出調査が散発的から連年に、国が関与、PISAテスト開始や学力低下論争を背景に
［V期］2007〜2019年　悉皆（一時抽出）調査、国が実施、PISAでの順位下降と「学力低下」論を追い風に

右の時期区分をもとに、戦後史を整理したのが表5-1である。以下、表に沿って各期の状況と特徴を記述する。

3 学力調査をめぐる紛争のない時代――I・II期

(1) 新教育がもたらした「学力低下?」・I期

I期で行われた学力調査はいずれも抽出式であった。つまり、国は自ら児童・生徒たちの学力達成状況を把握

することに特に熱心ではなかった。民間での「戦後新教育」とそこでの「学力低下」への関心や心配が、この時期の学力調査を実施する契機になったと考える。

筆者の時期区分のⅠ期には、久保舜一指導・浜松市サンプル調査が、久保舜一『学力調査』（福村書店、1956年）として刊行された。その他にも、日本教育学会学力調査委員会［代表：城戸幡太郎］編『中学校生徒の基礎学力』（東京大学出版会、1954年）、久保舜一著『算数学力　学力低下とその実験』（東京大学出版会、1952年）、日本教職員組合編『ありのままの日本教育　1950教育白書』（日本教職員組合出版部、1950年）、国立教育研究所編『全国小・中学校児童生徒学力水準調査』（1953年・第1次報告、55年・第2次中間報告、56年・第3次中間報告）国立教育研究所、日本教職員組合学力調査委員会編『国語の学力調査　国語学力全国調査報告書』（大日本図書、1955年）、などが行われた。

当時は前述したように、昭和20年代の新教育での小・中・高校生の学力低下が社会問題となり、その実態把握のための地域や全国規模のサンプル調査が、研究者が参加して地方自治体や教職員組合や学会や国立の研究所などで行われたのである。その結果としては、いずれの調査でも、戦前・戦中と比べた場合の学力低下は、確実には把握できなかった。というのは、戦前の旧制中学校・高等女学校と戦後の新制中学校・高校とでは制度も異なり教育目標・教育課程も異なるので、「学力低下」を測定する基準設定が難しかったとも言えるだろう。「学力低下」は世論にアピールする面があり、各方面に調査への課題意識を呼び起こすが、それを検証することは相当に困難である、そういう教訓を残したⅠ期であった。

(2) 国の学力調査が始まる・Ⅱ期

1950年代後半のⅡ期は、『戦後日本学力調査資料集』[3]「第Ⅰ期解説」によれば、学力調査実施をめぐる「大きな議論はなかった」時代と特徴づけられている。つまり、国による全国学力調査実施をめぐる紛争のない時代だったのである。

この5年間は、国が児童・生徒の学力状況を把握しようとして抽出式で初めて全国規模の学力調査を行った。その「調査の目的」は「学力の実態を把握して、学習指導及び教育条件の整備・改善に役立つ基礎資料を作成することを目的とする」（1956年度全国学力調査「調査の目的」より）となっている。ということは「学習指導及び教育条件の整備・改善」を行うために「学力の実態」を把握する調査を行うのである。これが公的な（＝国や地方自治体が行う）「学力調査」の変わることのない本来の目的に他ならない。そういう「調査の目的」と「実態把握の指向」を、国は学力調査出発時点では持っていた。その目的のために、それは無作為サンプル調査で実施された。小・中・高の学校を単位として抽出しており、そのサンプリングを「全国の縮図」として、全国の傾向を誤差少なく捉えようという調査設計として理論的に正しい方法論を取っていた。

またたとえば「地域類型」を作成し類型ごとの学力状況を比較するとか、同一地域類型内の「正答率の高い学校／中位の学校／低い学校」という3グループと教育条件との比較分析を行っている。さらに「国語・算数（数学）」と「社会科・理科」また小学校は「音楽・図画工作・家庭」、中学校は「英語・職業・家庭」についてでは順に3年に一度行っており、それで右の比較分析がどう変化するかを考察している。問題作成委員も報告書で公開され、小・中・高の教諭・校長、教育関係の大学教員、国立研究所の研究員、文部省の教科・教育関係者たちの個人名が記録されている。調査企画で妥当な抽出式を採用しただけでなく、得られたデータを類型比較・経年比較する分析・探求の指向を持ち、また諸専門家を集めその過程を公開していた。その意味では、国が行う全国学力調査としては、かなり妥当性の高いところから出発したのがⅡ期だったと言えるだろう。

4 学テ闘争・裁判・散発・再準備の時代

(1) 悉皆式の4年間と紛争の時代・Ⅲ期

Ⅲ期は、国が当時の高度成長政策と技術革新を背景に義務教育を終える中学2・3年生の学力を全国くまなく把握しようとして、この2学年だけ悉皆式で全数把握しようとした。

この時期は、**表5-1**に見るように、勤評闘争に引き続く「文部省vs日教組」の対立が激しくなっていた。日教組側は全国一斉学力テストが「教育現場の自由を奪い、教育の国家統制を強める」ものとして「学テ反対闘

表５－１①　学力調査の戦後史／５区分

<table>
<tr><th>５つの時期</th><th>年度期間</th><th>時代状況（特に経済）</th><th>当時の教育状況</th><th>その時期の教育界で問題になっていたこと</th></tr>
<tr><td>Ⅰ期</td><td>1947-1955年度</td><td>戦後の復興期</td><td>1947年に成立した「教育基本法」「学校教育法」に基づいて，「学校教育の基本的枠組み」が成立した時代</td><td>貧困生徒の通学困難／米国から輸入の“新教育”下の「学力低下」／新制中学校での不登校の高率存在</td></tr>
<tr><td colspan="2">実施の学力調査</td><td colspan="3">久保瞬一指導，浜松市・サンプル調査。日本教育学会学力調査委員会［代表：城戸幡太郎］編『中学校生徒の基礎学力』（東京大学出版会，1954），など。</td></tr>
<tr><td>Ⅱ期</td><td>1956-1960年度</td><td>経済の高度成長の始期</td><td>1947年の学校教育法が規定した，「学級定員・50人」を達成して，学校教育の条件整備が進み始めた時代</td><td>学習指導要領の「法的拘束力」の主張と反対／教員の「勤務評定」をめぐる強行と反対闘争</td></tr>
<tr><td colspan="2">実施の学力調査</td><td colspan="3">文部省が，初めて全国規模で行った，「全国学力調査」という名称の，小・中・高校生へのサンプル調査で，抽出率は，小・中は５％，高校は10％）。「調査の目的」が妥当で，反対は少なかった。</td></tr>
<tr><td>Ⅲ期</td><td>1961-1967年度</td><td>高度成長の最盛期</td><td>中学校への不登校が減少。高校・短大・大学への進学率が上昇。「受験戦争」が始まり，塾・予備校が広がり始めた。文部省が「人的能力開発」政策や「期待される人間像」を打ち出した時代</td><td>「文部省vs日教組」の対立激化。国側が全国規模で，中２・３年生の悉皆式学力調査を実施強行，日教組の反対闘争，ストライキ・阻止行動での処分と処分撤回闘争が，各地での裁判となる</td></tr>
<tr><td colspan="2">実施の学力調査</td><td colspan="3">名称は同じ「全国学力調査」で，最初の４年間は「中２・３年生は，悉皆調査」，「小学生は，抽出調査」。悉皆式に対する「学テ反対」の闘争が激しく，４年間でやめ，以降の３年間は抽出式に。</td></tr>
<tr><td>Ⅳ期</td><td>1968-2006年度</td><td>高度成長，安定成長，バブルとその崩壊，長期不況</td><td>国の学習指導要領と教科書検定での国家統制が続き，検定違法の家永教科書裁判があった。70年代末から「ゆとり」が始まり，1990年の「新しい学力観」，2003年「学びのすすめ」など揺れた。いじめ・不登校・学級崩壊が広がった時代</td><td>国が公式には，学力調査の実施を行わなかった散発の33年間の後，「ゆとり教育」による学力低下が問題となり，2000年のPISAテスト開始も契機に，2001年から国が関与した教育課程実施状況調査が連年行われる</td></tr>
<tr><td colspan="2">実施の学力調査</td><td colspan="3">全国規模の学力調査は散発的にしか行われなかったが，2001年から文部（科学）省の委託を受けて，国立教育政策研究所が，「教育課程実施状況調査」をサンプル調査で連年のように行った。</td></tr>
<tr><td>Ⅴ期</td><td>2007年度～今日</td><td>長期不況，デフレ，非正規雇用の拡大，個人消費不振など</td><td>１次・２次安倍政権が「教育基本法」の改訂とともに，「資質・能力」論に立つ学習指導要領，教員人事考課，不適格教員認定・研修，免許更新制など教員評価を進め，また高大接続の再編，教育の無償化が議論されている時代</td><td>１次・２次安倍政権が，2007年に「全国悉皆学力調査」を43年ぶりに導入，2013年に再導入した。その間，PISAテストでのランク低下にも刺激されて，「学力向上」が流行語になり，授業のスタンダードなどが進んだ</td></tr>
<tr><td colspan="2">実施の学力調査</td><td colspan="3">全国規模の学力・学習状況調査は，文部科学省が民間業者に委託して実施。民主党政権の３年間はサンプル調査で，他の10年間は悉皆式で行われた。</td></tr>
</table>

表５－１②　学力調査の戦後史／５区分

５つの時期	年度期間	時代状況（特に経済）	調査の目的	調査方式と対象
Ⅰ期	1947-1955年度	戦後の復興期	学力低下問題で，小・中・高校生の学力修得状況を確認するサンプル調査。統一的な「調査の目的」は存在しない	調査主体や，調査時期によって異なるが，「小・中・高校生」対象
Ⅱ期	1956-1960年度	経済の高度成長の始期	国が，児童生徒の学力の実態を把握し，学習指導や教育条件の整備・改善のための資料を得ることが「調査の目的」	文部省が，初めて全国規模で行った，小・中・高校生のサンプル調査。抽出率は，小・中は５％，高校は10％
Ⅲ期	1961-1967年度	高度成長の最盛期	その「調査のねらい」は，「自校と全国との点数を比較し，自校の長短を知り，改善・検討する」こと	４年間は，全国規模で中学２・３年生が，悉皆調査，小学校は，抽出調査。後半の３年間は小・中ともに抽出調査
Ⅳ期	1968-2006年度	高度成長，安定成長，バブルとその崩壊，長期不況	33年間の散発期を経て，2001年に始まった，サンプル調査は，児童生徒たちの教育課程習得状況を確かめる目的で行われた	国が学力調査を公式には行わなかった時期を経て，国の委託の抽出式（抽出率10～30％）の全国調査を小・中・高校生を対象に行った
Ⅴ期	2007年度～今日	長期不況，デフレ，非正規雇用の拡大，個人消費不振など	各学校・各自治体が「全国の平均正答率」と自らとを比較して，その学力達成状況を知り，改善を図ることがその目的	民主党政権の３年間（2010～2012）はサンプル調査だったが，他は悉皆式の全国調査で，小６と中３の２学年が対象

争」を展開した。組合側の実力行使で実施できない中学校も公立で１割程度生じ、それに対する処分と処分反対闘争が起こった。それは各地の学テ裁判にまで発展した。１９６４年福岡地裁・大阪地裁・福岡高裁の「全国一斉学力調査は違法」の判決が相次いで出る事態となって、文部省は悉皆調査を４年間でやめ、以降の３年間は抽出調査に戻った。

全国学力調査悉皆実施は、反対・強行・阻止闘争・処分・裁判・裁判闘争が20年近く展開したという意味で、戦後日本の最も大きな教育紛争であった。それがもつ問題の第一は、藤岡貞彦が言うように、日本の学校教育で「今日の教育荒廃の引き金が引かれた」ものと評される変化を日本の学校教育に及ぼした点である。

その一つはⅡ期と違って「調査のねらい」として、これまでの目的に加え「2　中学校においては、自校の学習の到達度を、全国的な水準との比較においてみることによりその長短を知り、生徒の学習指導とその向上に役立たせる資料とすること」と１９６１年度の実施要領と結果報告書に書かれている。これは各中学校に「全国の平均正答率」と「自校の平均正答率」とを比較して「その長短を知り」「学習指導とその向上に役立たせる」ということである。つまり「国が学力達成状況を調査で把握して教育課程政策や教育条件整備の在り方を反省・検討する」という行政・政策調査の本来の趣旨から外れ、「指導のためのテスト」(4)をそこに加えて、全国規模での悉皆式で行っている。そこでは学力達成状況も十分には把握できなかった。

「指導のためのテスト」としては第4章で分析されたように、指導の目標が生徒たちの学力向上から「テストの点数を上げる」ことへと本末転倒する競争のメカニズムが働く。指導の改善・向上につながるどころか、各都道府県間・各市町村間・各学校間の平均正答率競争を惹き起こす、まさにその通りのことが起こったのである。4年間の悉皆実施だったが、「競争の教育」(5)につながる深刻な問題となってしまった。そこでは、第2章の香川県からの報告にあるように、学力調査のための事前準備や答えを教えるなどの不公正・不正が行われた(香川・愛媛「文部省学力調査問題」学術調査団・報告「学テ教育体制の実態と問題点」1946年)。

もう一つは、文部省の「目的」「ねらい」に書いていないことながら、各学校の教育課程編成の自由、各教師の教育活動の自由を国の統制の下で抑制しようという意図があった。それは第4章の図4-2で説明されている「国の統制・競争・教育内容(評価尺度)画一化」のトライアングルにあるように、国が学力調査で他の二者に働きかければ、競争と画一化とは相互に強め合う、つまり自由を求める学校教師も平均正答率競争に巻き込まれると「画一的評価尺度である平均正答率」の上昇へと指向するメカニズムに巻き込まれる。その尺度の対象であるテスト問題とそのバックにある学習指導要領に縛りつけられるのである。それで心ある教師たちの多くや日教組が教育の自由を求めて反対した。逆に文部省はそういう自由を国家統制下に置こうとして激しく対立することになったのである。その際のそれぞれの主張は学テ裁判で法的にも教育論的にも争われた。

各地の裁判では「国民の教育権」と「国家の教育権」とが争われ、教育内容への国家の関与の合法・違法が問われた。その結果「違法・違憲」判決が7件出された。それらの総括として「学力テスト旭川事件・最高裁判決」(1976年)では、国家の教育内容への関与は妥当な範囲に止まる限りでは合法、「過剰介入」であれば違法、という境界線で法的に決着することになった。そこで判決はまた、試験結果（平均正答率）の公表で「中学校内の各クラス間、各中学校間、更には市町村又は都道府県間における試験成績の比較が行われ、それがはねかえってこれらのものの間の成績競争の風潮を生み」として「違法」とした札幌高裁判決をその点では支持して、結果公表の状況を強く批判していたのである。

加えて「試験問題の程度は全体として平易」で「特別な準備を要しない」、その限りで合法（＝国の「不当な介入」とは言えない）との判断をしており、近年の過去問練習などの準備が行われるような全国学力調査の違法性をこの時点で明言している(6)。

文部省は悉皆式学力調査を放棄したのちに、3年間の抽出式の全国調査が行われた。しかしそこでは、Ⅱ期の「実態把握と分析指向」はやや薄れ「問題作成者の公開」もない報告書となった。しかし地域類型間の学校平均正答率比較は続いており、また個人得点分布で格差状況を示すなど、そのデータを引き継ぐとすれば意義あるものとなるであろう。

(2) 散発から学力調査再開準備の時期・Ⅳ期

① 1968～2000年の散発

前半33年間はⅢ期の紛争を経て、国が「全国学力調査」の実施をやめ、国が関与した学力調査は、教育課程実施状況調査として行われた。この間、1981・83・93・95の4年度は1％程度の抽出で行われた。報告書等にはまだアクセスできていない。

ところで、この間なぜ散発的で済まされていたかを考えてみたい。そこでは、学習指導要領と教科書検定とを通じて国の教育に対する強い統制は続いていた。教科書検定については教育界や教科書執筆者の批判が多く、不合格となった歴史教科書の執筆者の一人・家永三郎東京教育大学教授が訴訟を起こし（学テ裁判が続いている中で）教科書裁判が起こった。第二次訴訟の東京地裁の一審判決（杉本判決、1970年）は、社会科教科書の記述内容の当否に及ぶような国による検定は、憲法21条2項が禁止する「検定」に当たるとして家永側の勝利となった。「国の検定を通じての過剰な教育内容・教材への介入」は違憲とされ大きな話題となり、検定を通じた過剰介入への抑止効果になった。そこでは前期に続く高校・

短大・大学への進学率の上昇もあり、「競争の教育」は深まって行った。

１９８０年代になると「おちこぼれと学力格差」「いじめ問題」「非行の波」「不登校の増加」「学級崩壊」などの教育問題が発生・深刻化してその実態調査や解決努力がなされた。同時にこの時期は、国際学力調査、たとえばＩＥＡ（国際教育到達度評価学会）による１９８１年の第２回国際数学教育調査（１９９５年以降「ＴＩＭＳＳ・国際数学・理科教育動向調査」という名称に）の結果が出た。日本の高校生に特筆されるほどの高得点が見られた。経済面での安定成長・経済大国への道を学校教育が支えているという意味で「ジャパン・アズ・ナンバーワン」の一環としての日本の教育というイメージが広がった。そういう点から、この時期に国が児童・生徒の学力達成を把握しようとする熱意が弱かったのかもしれない。またバブル経済からその崩壊にいたる時期には「知識偏重」論が流行となり「学びの転換」「新しい学力」などが喧伝され、教育評価でも「関心・意欲・態度」を「知識・理解」とは別立てにする「観点別評価」論が指導要録に規定された。続いて１９９０年代には「生きる力」が教育目標となった。この頃から小・中・高校生の家庭学習時間が大幅減少していること、長期追跡で学習習慣・学習意欲が大きく後退していることが注目された。[7] また国際学力調査でＴＩＭＳＳの結果順位が低下し、「学力低下」が論じられるようになった。岡部恒治・戸瀬信之・西村和雄編『分数ができない大学生：21世紀の日本が危ない』（東洋経済新報社、１９９９年）は、数学者・経済学者たちの書物で、学力低下を社会問題化する書物となった。

②連年の全国的学力調査でＶ期の準備[8]

そして２０００年にＯＥＣＤ（経済協力開発機構）の「ＰＩＳＡ（国際生徒評価のためのプログラム）」という名のこれまでになかった影響力を世界的に及ぼす国際学力調査が始まった。それは「リテラシー」という名称の（知識だけでない）生活・労働に生きる能力を測定するという触れ込みで登場した。ＰＩＳＡに限らず「コンピテンシー」という言葉で、これに類する学力や能力を目標とし、それを測定する調査が横行している。それらには根拠がない。[9] ＰＩＳＡは、世界の多くの国々を「（数学、科学、読解）リテラシー」得点の競争へと誘った。それは満15歳の青年対象で、参加各国・地域の縮図が得られるサンプル調査である。だから日本国内での競争を惹き起こしたわけではない。むしろ学力達成とその結果としてのPISA順位への社会の関心を高めた。4年に一度のサイクルで始まったこの国際調査が、2000年代に入っての日本の教育界での「学力低下」論争を刺激して、学力達成への関心を高める状況をもたらした。

文部省の委託を受けた国立教育政策研究所によって「教育課程実施状況調査」が①で行われたものを引き継いで、2001〜06年で行われた。それは小・中・高校のサンプル調査で、小・中は8%の抽出率（学校単位の抽出）であった。高校では2002・03、05年度に行われた。希望参加を認めたので、2005年度には小中学校で過半数の学校が参加したと言われている。2001年の結果を見ると、①の4回と同一の問題で、小学校では教科（国語・社会・算数・理科）・学年（5・6年）の半数以上で通過率が低下している。中学校では教科（国語・社会・数学・理科）・学年（1・2・3年）の半数以上で通過率がここでも低下している。だとすれば学力低下傾向はおおまかには事実であったと考えられる。

この準備期の結果の調査実施者による読みとりは、報告書の結果だけではわからない。しかし2005年の調査以降、V期の準備に入っただろうことが想定される。

5　PDCAの教育支配の時代―V期から

(1) 悉皆式の3年間

2006年に第一次安倍政権が成立して、教育基本法（1947年）が改訂された。続いて2007年に教育三法も改訂が強行された。そういう展開の中で、悉皆式での「全国学力・学習調査」が、準備段階からの教育関係者からの反対を押し切って実施された。それは1960年代から43年振りのことだった。Ⅳ期の2005年の学力調査の参加校が7割に及んでいたからと言って、それを悉皆式にすることは、残りの3割にも広げるというだけの意味ではない。全数（＝悉皆）になることで、都道府県の平均正答率が算出される。その結果、第4章に詳しいように、都道府県間・市区町村間・学校間の競争が惹き起こされる。サンプルで希望参加を合わせると8割でも、全数でない限りそういう競争は生じない。そのことを学テ旭川事件・最高裁判決は「合法」の条件として求めていた。そのタブーをこともなげに破った行為は何という愚かな暴挙であろうか。

じっさいその「調査の目的」には「イ　各教育委員会、学校等が全国的な状況との関係において自らの教育及び教育施策の成果と課題を把握し、その改善を図り、併せて児童生徒一人一人の学習改善や学習意欲の向上につなげる」となっていた。

(2) 民主党政権下の抽出式の期間

２０１０年の政権交代で民主党の政府が誕生した。その事業仕分けで悉皆式は、抽出式に変更されたことは第4章に書かれている。その際、文科省は次のように述べている。「調査の方式」として「平成19年度から21年度までの悉皆調査の結果、全国及び各地域等の信頼性の高いデータが蓄積され、教育に関する検証改善サイクルの構築も着実に進んでいることから、22年度調査においては、これまでの調査と一定の継続性を保ちながら、調査方式を悉皆調査から抽出調査及び希望利用方式に切り替えている」と述べている。ここで「教育に関する検証改善サイクルの構築」は、ＰＤＣＡサイクルを確立することに他ならない。こうやって、文科省は抽出調査でも、統計的に信頼性のある都道府県の平均正答率を出して、学力調査を軸とする1年間のスケジュール（第2章「報告12」を参照）となったＰＤＣＡを全国的に強要し続けたのである。

２０１２年度末から政権に復帰した安倍内閣は、悉皆式の「学力・学習状況調査」を再導入して、それが２０１９年まで7年間続いた。その間、スタンダードやゼロ・トレランス政策が進められ[10]、国による統制は画一化と競争をいっそう強めることになった。

この期間には、全国学力調査の悉皆実施が、学校間・市区町村間・都道府県間の平均正答率比較と、各学校・各自治体の競争とを日本の学校教育の日常とした。学校・自治体の「学力検証改善サイクル（ＰＤＣＡ）」が狙われそれが確立・支配した時期である。

6 戦後史から、「悉皆式の教育破壊性」と「抽出式の妥当性」を考える

(1) 悉皆調査の弱点

学力調査の悉皆式実施は、よいことも、それで把握できることも何一つない。ただ、悪影響がいくつもあって、その教育を破壊する作用が大きい。

ここで、その理由をまとめる。それは教育を破壊する政策である。そこで本章末尾では、「学力・学習状況調査」という名称に値するような「状況・事実を何一つ把握できないのはなぜか」、「十分工夫され準備された抽出（サンプル）調査で、それがどうやって可能になるのか」を、対比的に考えたい。

a、まず、1960年代も2000～10年代も、悉皆式だと、「平均正答率競争」がどうしても惹き起こされた。その結果「状況の把握」より、「学校や教師、また各自治体の教育パフォーマンスの評価」がそこに生じる。その悪影響はもちろんであるが、そこに事前準備としての「過去問練習」などが行われたりする。それは、「日常の学習状況」を捉えたいという調査趣旨からはもう離れている。またそこに各種の「不正」も生じる。

b、不正のことは、60年代の時も近年でも、各地で経験している。V期には「子どもたちの質問紙調査」が同時に行われて、「学力格差」がどうして生じるかも調査の追究課題になっている。しかし悉皆式では「全員に答えてもらう」ので、じっさい「プライバシー侵害」との非難に直面し、学力格差の社会的・生活的な要因と背景をたずねる質問が放棄された。その結果、「早寝・早起き・朝ごはん」が、学力格差の主要因であるような見当違いの結論になってしまった。

(2) 抽出調査では悪影響がなく、有効な結果が得られる

工夫した無作為抽出さえ行えば、かなりの精度で（＝誤差の幅の少なく）母集団（全体）の状況を推定できる。学校が選ばれた場合、どこが選ばれたかはごく少数の調査者と当該学校しか知らず、関係者の利害関係には関わらない。さらに子どもたちの解答・回答も外には出ない。必要な「学習状況」やその「生活状況との関連」を解明する工夫された問題や質問を行うことも可能である。

抽出調査では学校全数が対象ではない。都道府県間、市区町村間、学校間の平均正答率比較と競争は起こらな

い。したがって悉皆調査の悪影響から免れた「学力・学習状況」を把握する調査になることができるのである。

(3) 戦後史から見える点

学力調査の戦後史は、表5-1と各期の説明から見るように以下のような特徴を観察することができる。

1961年の中学校の学力調査の「調査のねらい」は、各自治体・各学校に平均正答率比較を通した反省と検討を迫ることである。そこでは、全国の平均正答率が画一的な比較の基準になっている。これが当事者間の競争を誘発し、競争に巻き込むことになった。

抽出式は「国が状況を把握し改善する」ために実施するものである。つまり国の教育政策の反省である。一方で悉皆式においては「自治体・学校が平均正答率を全国と比較して、改善に取り組む」ために実施する。だから名称は同じでも、目的も性格もまったく「異なる調査」なのである。

表5-1で戦後70余年を通して見える一つ目は、70余年間で「中止」は2回（2011年の東日本大震災、2020年の感染症拡大防止）であること。二つ目は「悉皆式」は1961～64年が「中2・3」で、第一次・二次安倍政権の3年と7年の10年間の「小6と中3」の計14年間であった。それはいずれも悪影響と紛争を起こし、学校教育を破壊してきた。それに対して抽出式は、それぞれの時期において妥当で追究的な学力調査となっており、それに沿う役割を果たしていた。

三つ目に、一次・二次安倍政権の合わせて10年間は、「学力の検討改善サイクル（ＰＤＣＡ）の確立」が狙われ、それが学校教育を支配した時代であった。

四つ目は、Ⅱ期にあった学力調査の企画・実施が専門家のグループの独立性と公開性を担保していた点である。Ⅴ期では、その二つの決定的に重要な性格が失われてしまった。それがいま問い直されている。

(4) 結論として――「悉皆式学力調査」は廃止し、「抽出式」で3年に一度に改めよう

本章の結論は転換要求の一点である。悉皆調査では、「事前準備の過去問練習」などが行われている。それで「学力・学習状況調査」という名称に値する「状況・事実」を、何一つ把握できない。これだけでも、実施費用

の無駄使いである。そこではまた、競争に心を奪われてしまい、その悪影響の大きさは甚大である。
学力調査の「悉皆式から抽出式への転換」が、私たちの要求と実現目標である。「悉皆式の全国学力調査」は、廃止しなければならない。

注

（1）藤岡貞彦「学力問題の社会化」中内敏夫編『教育の現代史』（講座「日本の学力」第1巻）日本標準、１９７９年。
本章では、ふつう使われる「学力テスト」ではなく、名称を「学力調査」で基本的に統一した。

（2）『クレスコ』２０２０年6月号。

（3）日本図書センター発行『戦後日本学力調査資料集』（全3期・全24巻）。

（4）川口俊明『全国学力テストはなぜ失敗したのか』（岩波書店、２０２０年）の１０１頁に学んだ。

（5）久冨善之『競争の教育』旬報社、１９９３年

（6）この二点は、高橋哲さんが指摘している（ヤフーニュース・２０２０年1月22日「全国学力テストは教育基本法違反です」https://news.yahoo.co.jp/byline/maeyatsuyoshi/20200122-00159835/ ２０２０年10月20日最終閲覧）。朝日新聞夕刊、「現場へ！　どうする小中学力テスト：5　公平性担保か、不当な支配か」（２０２０年3月13日）。
この最高裁判決は、憲法23条（学問の自由）・憲法26条（教育を受ける権利）、および旧教育基本法（１９４７）の10条（教育行政）1項の「教育は不当な支配に服することなく」の三つの規定を主たる根拠として構成されている。教育基本法は２００６年に改訂されたが、その16条・1項には「教育は不当な支配に服することなく」とあり、学テ旭川事件・最高裁判決は今日も、最高裁判例として変わらぬ規範性・有効性を持つと筆者は考える。

（7）藤沢市「藤沢市中学3年生学習意識調査」１９６５年～5年ごと共通項目で実施。

（8）この項では、山田哲也「新学力テストの性格と課題」（『日本教育政策学会年報』15号、２００８年）に示唆を受けた。

（9）この点は、第6章を参照。また、そもそも抽象的な一般的能力は正確には測れないこと、近年の「コンピテンシー」「資質・能力」の議論が、後期近代における「メリトクラシーの再帰性」を示す現象でしかないことは、中村高康『暴走する能力主義』（ちくま新書、２０１８年）に的確に示されている。

（10）『教育』２０１８年9月号、「特集1　学校スタンダードと無寛容《ゼロトレランス》」を参照。

特別寄稿

コンピュータ使用型学力テスト（CBT）の問題点

子安　潤

1　焦らされるCBT化

これまで全国学力テストは、紙媒体を使って実施し、手書きの解答を回収し、人が採点してきた。これをコンピュータ使用型調査（CBT：Computer Based Testing）に変更する検討と準備が文科省の「全国的な学力調査のCBT化検討ワーキンググループ」で進められている。

変更の理由は、主に三つである。

一つは、情報社会がさらに進み、コンピュータを中心とした情報活用能力の比重が高くなるという認識が産業界にあるためである。情報活用能力の教育に取り組むことが今後の社会と業界の担い手養成になるという思惑である。

二つは、PISAテストのCBT化が２０１５年に始まり、これに対応することが必要と見ているためである。その際、教育のICT化への対応の遅れを指摘することで、GIGAスクール政策を一挙に前に進める世論づくりにもなると見ている。そこで、上位に属する日本の読解のリテラシーだが、平均得点がわずかに低下した原因をCBTへの不慣れに求める見方などを配信している。

三つは、学校内の授業におけるコンピュータの利用をはじめとしたICT化を進めるためである。学力テストでコンピュータが利用されることになれば、授業におけるコンピュータの利用頻度が相対的に少ない現状を変えると考えている[1]。そのために、日本の子どもはメールやゲームではインターネットを利用するが、学習のために自主的に探索的に利用することが少ないといった情報を流しており、CBT化を急がせようとしている。

2　CBT化の技術問題

従来の学力テストをそのままコンピュータを利用する形に変えるだけなら、乗り越えるべき技術問題はまだ小さい。たとえば「およそ２００万人の子どもが同時にネットにアクセスするとホストがダウンする可能性がある」、「そこで問題の配信をUSBを利用することにすると高コストになる」、「テスト問題の漏洩の可能性が高まる」、「OSやアプリケーションがさまざまな中で各学校で安定的に実施できるシステムを構築する」といった問題群である。これらはCBT化するために越えなければならない技術問題である。

しかし、テストの設問の変更を含むＣＢＴ化はさらに大きな問題を抱えている。すなわち、そもそも情報活用能力とは何か、いかに計測するかという問題である。先のワーキンググループによる中間まとめの「論点整理」が２０２０年８月に公表されているが、そこにも根本的な問題で未解明な点のあることが指摘されている[2]。

情報活用能力と関わって、テストの設問に困難度を変えた複数の問題を子どもに応じて提出するプランがある。そうなると、従来よりずっと多くの設問の作成が必要になる。採点も難題である。記号選択式の場合は容易となるが、記述式の回答の自動採点は現状ではできない。未解決の技術的問題にも難題が多い。

3　それは情報活用能力か？

より根本的で未解明な問題は、情報活用能力とは何かという問題だと述べた。一般的には、情報を収集・取捨選択し、情報手段を用いて処理し発信する力で、それらを主にパソコンを利用して遂行する力と想定されている。だがこれらの中身は、年々変化しているだけに情報活用能力を掴むテストの設問の作成は簡単ではない。パソコンの操作をさせるだけでは、単なる技能テストとなる。このように測るべき力の規定と内容が鮮明になっているとは言えない状況がある。したがって、情報活用能力は、どうすると計測できるかという課題も残っている。ＰＩＳＡの場合は、今のところパソコンの簡単な操作と解答の文字入力、情報検索やウェブサイトの読みを中心としている。しかし、情報の信頼度のチェックやプレゼンテーション資料の作成など情報活用能力に当然含まれるものへと拡大すると、従来の読解力や科学的リテラシーとの境界は判然としなくなる。こうした現状を考えれば、情報活用能力とは何かに関する実証的な研究を積み上げることが今は優先されるべきであろう。

そうしたデータに基づかずにＣＢＴが実施されると、必ずや弊害が発生する。

ＣＢＴ化の技術的基盤も不確かであるばかりか、そこで計測する力についても明確となっていない現状に、やむなく先のワーキンググループも小規模な試行からはじめるという方針をうちだした。これを受けた、中教審の「新しい時代の初等中等教育の在り方特別部会」も「学力・学習状況調査のＣＢＴ化について専門的・技術的な観点から検討を行うとともに、小規模から試行・検証に取り組み、課題の解決を図りつつ、段階的に規模・内容を拡張・充実させていくことが必要である[3]」とした。そのために、焦っているわりに全国学力テストはただちにはＣＢ

T化しないことになった。

しかしながら、検討・準備は実施に向けて動き出すわけである。ということは、すぐにではないが、従来からの紙を使った全国学力テストに加えて、CBTというテスト形式がやがて加わることが「既定路線」となったわけである。すなわち技術問題等をクリアした段階で、全国学テが肥大化する可能性が高くなったわけである。

もう一つ想定されることは、この方針が中教審の答申として打ち出されることによって、ICTの利用、とりわけパソコンとデジタルコンテンツを利用した教育活動が、GIGAスクール構想にしたがって一人一台のパソコンが配備されたこととあいまって、飛躍的に拡大していくことである。このことは日常の教育活動の変化をもたらす大きな要因となるであろう。

こうして諸々と受け入れていくと、これまでの全国学力テストにおいて発生している地域・学校ごとの順位競争がCBTの関連分野でも発生し、類似問題のトレーニングが始まる。それは、無理に授業でパソコンを使用することを引き起こし、本物に触れることができる学習活動を、不必要にパソコンを使用する矮小化が発生するなどの問題である。学習活動の形式主義化・画一化をもたらす可能性が高くなる。そうなれば、もはや情報活用能力でもなくなってしまう。世界で一番長い時間パソコンを使っているデンマークはPISAの読解のリテラシーでは一番使っていない日本より下位であって、その意味では研究的データの蓄積こそ重要というべきである。

仮に実施するとしても、コンピュータで可能なテスト形式という理由で実施をするのでも、表層の情報活用技能のテストでもないものにする必要がある。たとえば、情報の内容そのものの批判的吟味を中心においたものを開発する必要がある。そうでなければ、情報に操られる人間は生まれるであろうが、フェイク・ニュースや高度な世論操作を見抜く力を育てることにつながらない。テストの信頼度も高くはならない。それができない間は全国的実施を急ぐのではなく、予備調査を重ねることが冷静な対応というものであろう。

注

（1）国立教育政策研究所編『生きるための知識と技能7　OECD生徒の学習到達度調査（PISA）2018年調査国際結果報告書』明石書店、2019年、240頁以下参照。

（2）https://www.mext.go.jp/content/20200831-mxt_chousa02-000009672-2.pdf（2020年1月10日最終閲覧）

（3）https://www.mext.go.jp/kaigisiryo/content/20201113-mxt_syoto02-000010853_7.pdf(2020年1月10日最終閲覧)

第6章

学力調査悉皆実施は学力を育てない

本田 伊克

学力調査悉皆実施が、子どもに学力向上を強い、教師と保護者を平均点競争に巻き込んで展開している。

本章ではまず、悉皆で実施される学力調査が教育にどのような悪影響をもたらすかを指摘する。

次に、何らかの学力が測定・評価されるならば、前提としてそうした学力を育てる教育実践の見通しと創意工夫の余地が与えられていなければならないことを確認する。

そして、日本の学力観に対してOECDのキー・コンピテンシーとPISAがいかなるインパクトをもたらしたか。同時に、OECDのコンピテンシーが日本の教育課程政策の展開過程でいかに変質したかをみていく。そのうえで、PISAを含め、学力を測定・評価する動きが先行することが教育にどのような影響を及ぼすかについて検討する。

最後に、学力ということばが意味するものをいかに捉えるべきかについて考え、子どもたちがいかなる力をどのように伸ばしていくべきか、そのことをいかに保障していくべきかについて述べることにする。

1 学力テスト体制による教育成果の可視化がみえなくするもの

経済的展望や新たなコミュニティのかたちが見えない中で学校教育の目的も見失われるとき、教育改革の焦点は学力調査の得点や正答率など、教育の成果に関して目に見えやすい指標の向上に収斂しがちである。しかも、「学力向上」と言われれば、「そんなことは必要ない」と言い切ることは難しい。もちろん、教師一人ひとりが子どもに「こうした力を身につけてほしい」、「このように育ってほしい」という願いやねらいは、学力調査の平均点や平均正答率を上げることとイコールでは決してないのだが。

学力調査悉皆実施が強行されていることは、教師にも子どもにも「考えさせない」で教育の目標・内容統制を強める動きの最たるものである。地域によって、年度によって調査に出題される問題も、解答する子どもも違う。それを考えず、平均点や平均正答率を地域間・学校間で比較し、次年度は「正答率を○ポイント上げます」などの目標を掲げることに何の意味があるのか。子どもが解きたくない問題を解かされて、学びの喜びや意欲を奪われていく、まさに非教育的な効果が生じていることをどう考えるのか。だが、学力調査悉皆実施が日常化する状況では、平均点ランキングの結果が客観的で実証的であると感じられ、それはおかしいと問うこと自体が「おかしい」とまで思わせる力を人々の間に広めてしまうのである。

そして、教師からは、教育内容を主体的に創造するための時間も、教材を研究して眼の前の子どもに即した展開を工夫するための時間も奪われることになる。

教育の成果の可視化それ自体は宿命的であるともいえる。しかし、成果の可視化と可視化されたものへの依存が高まると、学力ということばに込められた子どもの成長や発達への教師たちの願いはみえなくなっていく。

教師たちは、教育内容としての文化と教材を媒介にした教育実践の中で、子どもたち自身の発達や学びへの願いや要求（そこには子どもの「声にならない声」も含まれる）に応答する。学力テスト体制のもとでは、そうした過程の中で子どもたちに育っていく大切なものについて語られなくなってしまうのではないか。

2　「計測可能性」は教育実践の「組織立て」によって得られる

勝田守一は、「子どもの学習の効果が計測可能なような手続きを用意できる範囲」（勝田　1962、11頁）で学力を規定し、学習が到達する結果を予期して、その到達度を計測できる方法や手続きを具体化するために、「⑴はかられた能力は、その土台となっている能力がすでに発達していることを前提することができる」「⑵はかられるある能力が、さらに発達を必要とする能力の可能性を推測させることができる」という二つの条件をもった測り方をしなければならないとしている（13頁、傍点筆者）。

子どもの学力を、生活をきりひらき、社会を進歩させる力として捉え、学力の内容を、現代の科学と文化の進歩と子どもの心理学的な発達の認識とを踏まえつつ、「子どもが自己の進路を決定できる年令に達するまでに、どのような進路を選んでも、そこで、必要な学習の能力を発揮できるその最低の条件をみたすように」決定すべきだとする（14頁）。

そして、「人間が学習しうる諸能力を分析し、学習の段階を明確に順序づけながら、学習の内容を組織立てる努力」（同右）、学習を指導する方法について、発達の順序の必然的関係という観点から、合理的な順序と、まちがいのない方向と、確実な積み重ねを保障すること（13頁）との関係で学力を捉えている。

重要なことは、勝田が、学力の計測可能性を論じる際に、教師が学習の内容を「組織立て」（14頁）ることを強調していることである。発達の順序の「必然的」関係や「合理」性、「まちがい」のない方向ということばの用いられ方については、今の時点で読めば、授業の展開や子どもの認識や思考の流れの捉え方に、ややふくらみがないように感じられるところもある。

だが、私たちが改めて確認しておかなければならないことは、勝田が各教科で育てる学力の内容について、それを子どもたちに育てるために教師が行う「組織立て」の努力の結果を通じて「計測可能な到達度」（13頁）の見通しが得られること、そしてこの見通しをもとに子どもの学習の成果を把握し、指導の改善に資するものでない限りはこれを測るべきではないと言っていることである。

3　OECDキー・コンピテンシーの日本における変質

ＯＥＣＤ（経済協力開発機構）が企画・実施しているＰＩＳＡ（Programme for International Student Assessment）についてはすでに馴染みが深い。ＰＩＳＡが測定しようとする「リテラシー」は、学校で学んだ知識や技能を日常生活、学校生活、職業生活、公的生活などで活用する力、習ったことを生活上の文脈で使える力である。

日本の高校・大学受験や学校の定期テストでは、知識や解法の記憶力と、アウトプットの正確さや迅速さを問う傾向が強くみられる。テストのためにだけ使われ、その目的を果たすと剥がれ落ちやすいという、日本の学力の問題も繰り返し指摘されてきた。

実生活での活用とその評価に焦点を当てるＰＩＳＡのリテラシーに私たちが接したことは、これまでの日本の学力観や授業様式を見直すうえで一定の意義をもつ経験であったと言うことはできるかもしれない。

ＰＩＳＡが測定するリテラシーは「ＰＩＳＡ型学力」と呼ばれ、２００８年（小・中学校）、２００９年（高校）の学習指導要領では、基礎的・基本的な知識や技術の「活用」力として位置づけられた。２００７年から実施されている全国学力・学習状況調査でも、ＰＩＳＡ型学力を意識した「Ｂ問題（活用）」が出題された。

問題は、何らかの一般的・汎用的な能力の計測を意図したテストや評価尺度が作られ、そうした能力を培うための教師による「組織立て」の努力とそれが人々から支持され実現される条件整備のないまま押しつけられることである。その結果、教育実践が自律的に行われる余地が奪われていくのである。

ＯＥＣＤが２０１５年から開始した「Education2030」プロジェクトには日本政府も参加し、キー・コンピテンシーの再定義が行われた。新たなフレームワークではコンピテンシーを、「知識」「スキル」「態度・価値観」が複合し、世界に関わり世界の中で「行為」することに結実する能力として捉えている。さらに、「行為」が向かっていく方向性として、「責任を担うこと（Taking Responsibility）」「緊張とジレンマを調停すること（Reconciling Tensions and Dilemmas）」「新たな価値を創造すること（Creating New Value）」が示されている（ＯＥＣＤ ２０１８、松下 ２０１９）。

２０１７年（小・中学校）、２０１８年（高校）に改訂された学習指導要領（小学校では２０２０年度から完全実施）にも、その動向は反映されている。一般的・汎用的な「資質・能力」の伸長・発揮が目標として掲げられ、教科・領域の個々の指導事項の習得よりも、それらを媒介としてより一般的・汎用的な能力を身につけさせることが強調されている。

今回の改訂では、教育課程全体を通してどの教科・領域でも身につけるべき「資質・能力」として「知識及び技能」、「思考力、判断力、表現力等」、「学びに向かう力、人間性等」が掲げられ、２０２０年に改訂された指導要録の評価観点もこれに対応するものとなった。

ＯＥＣＤがEducation2030で示したコンピテンシーのうち、態度・価値観を含む三つの要素が行為する力となる側面は、日本の学習指導要領が示す資質・能力のうち「学びに向かう力、人間性等」と接合された。ＯＥＣＤの再定義したキー・コンピテンシーは、日本の教育課程が目標とする能力（学力）として位置づけられ、評価の観点として位置づけられる際に変質を被っている（八木２０１７）。新たな指導要録の三つの評価観点の一つである「主体的に学習に取り組む態度」については、子どもが粘り強く学習に取り組み、学習の進度や方向性を調整することを、子どもの自己責任に帰するものとなっており、ＯＥＣＤのコンピテンシーが指向するような世界への主体的・協働的な関わりという意味合いは薄れている。

4　学力をテストで測定することが先行すると何が起きるか

ＰＩＳＡが国際的なテスト競争を招き、子どもの到達基準や教師の指導観を標準化する強い圧力をもたらすことに対しては批判が挙がっている。２０１４年5月6日付ガーディアン紙掲載の「ＰＩＳＡ担当シュライヒャー氏への公開書簡」については目にした読者も多いだろう。この書簡は、ＰＩＳＡの結果を中立で客観的な指標として扱い、世界中の国々の教育実践を変える根拠とする考え方が根本的に誤っていることを的確に指摘している[1]。

書簡の指摘で特に重要なのはまず、ＰＩＳＡが各国・地域における短期的な改善の視点を奨励し、長期間にわたる継続的な向上を犠牲にしている点である。それぞれの国・地域の教育の性格や課題は文化的・歴史的要因によって形成されることを考慮せず、各国・地域間の比較を行うことの妥当性にも疑義が示されている。ＰＩＳＡの結果が政治的に誤読・乱用され、競争的な進学試験に対応することを重視する学力観がＰＩＳＡの重視する学力の装いをまとって浸透する点も批判されている。

さらに、公開書簡の作成を担ったハインツ－ディエター・マイヤーは、ＯＥＣＤがＰＩＳＡのテスト開発、運営、評価、データの収集を営利目的の請負業者に委ねている点を批判している。また、ＯＥＣＤ自体がそもそも市場経済の成長のために作られた組織であり、そのような組織が世界中の国・地域の教育を診断することを許すことによって、教育のモニタリングにおける多様性が損われる危険性も指摘している（マイヤー ２０１４）。

実は、ＯＥＣＤ自身が、教師の指導観や授業のやり方が多様である点を認めている。ＯＥＣＤは、ＰＩＳＡで測定しようとするリテラシーの形成に関わるものとして、教師の「構成主義的指導観」を紹介している。これは、知識を獲得して行くプロセスに積極的に参加する存在として生徒を捉え、特定の知識の獲得よりも思考の深化や推論の過程に重点を置く指導観である。

構成主義的指導観は、多くの研究者や教員によって「推奨」されており、多くの国で、相対的な支持の大きさも確認できるとされている。しかし、仮に各国の教師がこの指導観を支持しているとしても、それを自らの教育実践を支える信念として共有しているかどうかや、実際に行われる教育実践のタイプや具体的な生徒への働きかけにどのように反映させているかについては、教師個人のレベルでは相当大きなばらつきがあるということも示されている（ＯＥＣＤ ２０１２）。

だが公開書簡の指摘する点を踏まえると、特定の学力観と指導観について指標が作成され、国や地域、学校間の比較がされることによって、学力に関する課題は目の前の子どもにとっての必要性よりも、指標の改善に収斂してしまう（亘理 ２０２０）。特定の能力を測定・評価するテストや尺度の開発と普及が先行し、教師たちが教育実践を「組織立て」する創意工夫の余地も奪われる。そうなれば、子どもに大きな不利益をもたらしかねない。

子どもの学習が人工的ではない、日常生活の文脈に即したものとして展開され、学習された内容が日常生活においても発揮されることを保障するための評価をどうするかを考えることは大切なことである。だが、構成主義的指導観に基づく学力が特定の指標や尺度によって測定・比較されることにより、数値やランキングの改善のための「傾向と対策」が優先課題となる事態を招く。そうなれば、眼の前の子どもが切実に求める学び、身につけたいと願う力とは何であり、それをどのような過程を通して身につけさせるべきかを考えることは後回しにされてしまう。

主体的な行為を指向するＯＥＣＤキー・コンピテンシーを構成する「態度・価値観」は「主体的に学習に取り組む態度」として指導要録の評価観点に組み込まれた。上述のように、その過程で主体的・協働的な性格は弱められている。さらに、特定の能力や性向について教育実践を組織立てることよりも、それを評価・測定することが先行し推奨される今日の教育課程政策の文脈においては、特定のパフォーマンスとしての「主体性」を発揮することが子どもに強制されることにもなりかねない（黒田　２０２０）。

さらに、全国学力調査によって評価される学力と、改訂された学習指導要領が目標とする学力（資質・能力）との間には不整合がみられる。

ＰＩＳＡ型学力を意識した「Ｂ問題（活用）」（２０１９年度から「Ａ問題（知識）」と一体化）については、実生活に即して知識を活用することを意識した設問となっている。しかし、調査問題を検討してみると、実際に求められていることは、かなり長い問題文を読みとおして解答に必要な情報を把握し、求められる思考手順の通りに解答を作成する能力であることがわかる。

これでは、知識の活用ではなく、学力調査で求められる「活用問題の傾向と対策」が進むことになるだろう。

5　「基礎」としての学力と知識をいかに捉えるか

さて、「基礎（学力）」とか、考える力のもとになる「知識」とは何なのか？

ＰＩＳＡ型学力を意識した学力調査は、あれこれの知識（というより情報）を所与の文脈の中で使用できるかを評価しているように思う。問題場面や問題文から素早く必要な情報を読みとり、「わかりやすく」話し、書くことを急がせることが授業の中で傾向と対策のように進んで行くと、子どもの発達と豊かで多様な学びを阻害することにもなりかねない。

子どもがさまざまな他者や事物との相互作用を通じて体験すること、それを話すこと、そして書くこととの間には、それぞれの力が有機的に関連しながら育っていくプロセスがある。それは、子どもたち一人ひとりが育つ社会的・文化的背景の違いなどによっても異なるし、子ども一人ひとりが読み、話し、書くことについて挑み、克服すべき課題も過程もさまざまである。この点を見失い、一定の様式で読み、話し、書くことを要請することは、子どもの多様で複雑な発達を損なうことにもなりかねない。

学力に関してはその性格と構造、あるいはこれを論じる前提について、さまざまな論争・論議が常に生まれている。だが、「基礎」ないし「基礎（学力）」ということについて示唆的な指摘もあるが、十分にその意味が、理論的にも実践的にも確かめられていないのではないか。

樋口とみ子は、戦後の学力問題と学力論を系統的に整理・分析したうえで、「人間の内面にあたる部分を教科内容との関係において問う」という回路を重視すること、「学力とは、人間の内面世界に限定されるのではなく、教科内容の研究等を通じて、子どもたちに『分かち伝えうる部分』を含み、発展させて行くことのできるもの」であるとしている（樋口 2017）。

この結論に基本的に同意しつつ、この点に関する教師たちの教育実践の「組織立て」の努力とその蓄積を、今日の教育課程政策動向と、教育現場の状況の中でいかに実現していくかを考えていかなければならない。

6 子どもにはどんな力をどんなふうに伸ばしてほしいか

子どもには、生き生きと豊かな学び、主体的で自律的な学びを通じて成長・発達する権利が与えられている。子どもが自己を成長させるという場合には、学習を通じて行動、知識、価値、関係の新たな形やより発展した形を獲得することが含まれる。この点で、子どもたちには、何かが豊かに「わかる」こと、その認識世界の広がりや深まりを伴ってわかることが保障されなければならない。

ある時期に、「いままであれこれと学んできたが、要するにこうだったのか！はは－ん」という体験が生じ、新しいものの見方を獲得することができた喜びを噛みしめながら、夢中で新たな課題に取り組んでいく。子どもが学習によって新たな行動、知識、価値、関係を獲得し、そのことを通じて自己成長していく過程は、本来このようなドラマを孕む生き生きとした思考の躍動のある過程であろう。

だが、子どもが自己を成長・発達させることはこのことに止まるものではない。バーンスティンによれば、自己成長は、「過去と可能な未来との間の緊張点」において、「社会的、知的、個人的なさまざまの境界を体験」することによって、この世界や社会に対する批判的な理解と新たな意思決定や行動の可能性が開かれ、アイデンティティを確立・更新していくことに関わっている（バーンスティン 2000、20頁）。

たとえば仲本正夫が1970年代から1980年代に取り組んだ高校数学教育実践では、学力・学歴獲得競争が激化する中で算数・数学について否定的な学習経験を積み重ねてきた生徒たちが、数学との出会い直しを経験する。生徒たちは自らを選別し傷つけるものとして経験してきた数学と出会い直し、数や量の世界がもつ魅力や奥深さへと導かれていく。それだけではない。点数に換算されない文化としての数学、自己と他者、世界に対する認識と関係をより豊かにする文化としての数学を学び直した生徒は、そうした価値をもつ数学を学びとった過程を愛しく振り返り、自らに対する信頼をも培っていった（仲本 1979、1982）。

教室での学びを教師と子ども、および子ども間の関係性において捉えるとき、自分が「わかる」ということを他者がどう認識しているか、その認識を安心と信頼に基づくものに変えることも重要である。授業で自分が何か新しいことに気づいたり、それまでできなかったことができるようになったりしても、教師や他の子どもがそのことに無関心であったり、たいしたことではないという反応しか得られなかったとすればどうか。あるいは、間違ったりできなかったりしたときに周囲の雰囲気が冷笑的であったらどうなるか。こうしたことを繰り返し経験した子どもは、学習を通じた自らの成長と発達が教室において望まれていないこと自体を学習し、学習そのものに対する意欲を失っていく。

新たに授業で得られるであろう豊かな認識や価値や感情の広がりや深まりへの期待の中に、子ども自身にとっての「過去と可能な未来との間の緊張点」に位置づけることが大事なことではないか。

メンバーの成長や発達を互いの喜びとし、間違いや失敗に対して力を合わせて立ち向かい、その経験自体を学級の財産としていくような、安心と信頼に満ちた関係性を教室の中に築いていくことが求められる。そうした中で、子どもが自らの知を広げ深め、他者（ヒト、事物、文化）との関係性を豊かにしていく学びを実現することもできるだろう。

学力悉皆調査は改善すべき学力の実態や問題を明らかにするものではない。それは、子どもたちを無意味な競争に巻き込み、学び合う子どもたちの間に育つ大切な力を奪うものである。

注

（１）ＰＩＳＡ公開書簡の訳文は、民主教育研究所編『季刊　人間と教育』83号に掲載されている。

参考・引用文献

ＯＥＣＤ（２０１８）*The future of education and skills : Education 2030.* Paris : OECD. https://www.oecd.org/education/2030/E2030%20Position%20Paper（%20）(05.04.2018).pdf（２０２０年９月25日最終閲覧）

ＯＥＣＤ（２０１２）『ＯＥＣＤ教員白書〈第１回ＯＥＣＤ（ＴＡＬＩＳ）報告書〉』（斎藤里美監訳）明石書店、（原著は２００９年）

勝田守一（１９６２）「学力とはなにか」教育科学研究会編『教育』１４４号、国土社

川口俊明（２０２０）『全国学力テストはなぜ失敗したのか―学力調査を科学する』岩波書店

黒田友紀（２０２０）「ＰＩＳＡは日本の教育に何をもたらしているのか」民主教育研究所編『季刊　人間と教育』１０６号、旬報社

仲本正夫（１９７９）『学力への挑戦』労働旬報社

仲本正夫（１９８２）『自立への挑戦』労働旬報社

バーンスティン、Ｂ.（２０００）『〈教育〉の社会学理論―象徴統制、〈教育〉の言説、アイデンティティ』（久冨善之他訳）法政大学出版局（原著は１９９６年）

樋口とみ子（２０１７）「学力問題と学力論―『生き方』との結合をめざして」田中耕治編著『戦後日本教育方法論史（上）』ミネルヴァ書房

マイヤー、Ｈ.Ｄ.（２０１４）「ＰＩＳＡの今後を考える―公開書簡あとがき」（鈴木大裕訳）『季刊　人間と教育』84号、旬報社

松下佳代（２０１９）「資質・能力とアクティブ・ラーニングを捉え直す―なぜ、『深さ』を求めるのか」グループ・ディダクティカ編『深い学びを紡ぎだす』勁草書房

八木英二（２０１７）「学習指導要領改訂のめざす『主体的・対話的で深い学び』とは―『産業力競争』と『労働力再編成』の歪み」民主教育研究所編『季刊　人間と教育』第93号、旬報社

亘理陽一（２０２０）「エビデンスに基づく教育は何をもたらすのか」『季刊　人間と教育』１０６号

結び――わかってきたこと、訴えたいこと

吉益敏文
濵田郁夫
久冨善之

この「結び」は、編者三人がオンラインで話し合い、「第1～6章を通して、何がわかったのか」、「この本では、何を訴えたいのか」を5点にまとめたものである。

1　六つの章を通して第一に明らかになったのは「悉皆式学力調査がどれほど悪いのか」である

(1) 子どもたちに与えている悪影響

①試験ばかりでイヤになっている子どもたち

学校・学年・授業でのテスト以外に、国・都道府県・区市町村による悉皆式学力調査が行われ、子どもたちはテストに追われる状態である。その例として、たとえば、大阪府の公立中学校の教師は次の報告をしている。

＊昨年度は、全国学力調査、定期テスト、実力テスト、チャレンジテスト、統一テストと合計13回のテストを実施した。これに入試や英語能力判定テストも含めるとかなりの数になる。(第2章より)

異常な試験回数である。そういうテスト漬けで、他の子どもとの比較を強いる無用な、「一面的比較」で子どもを傷つけているという「声」が複数あった。そういうことを国や自治体の学力調査が強いていいのだろうか。大人たちはみな反省しよう。

②点数で教師・学校を「忖度」する子どもたち

たとえば、三人の話し合いの中で、子どもが「明日は休みます」と教師のところに言ってくるという場面があった。学力調査前日に「自分は平均点を下げる」と思った子どもが、教師や学校の立場に配慮して「当日休むべきか」とたずねている。子どもが「忖度」をしているのである。子どもにそこまで思わせるのはどうだろうか。学

力調査の当事者の大人たちは、この子どもの姿に「学力調査悉皆実施の酷さ」と「学びと成長を願う子どもの気持ち」に、いま襟を正したい。

③学校教育から排除され始めている子どもたち

これまで我々が気づかず、教育界でもほとんど問題にされていなかったと思われる点で、悉皆式学力調査による「子どもの排除」が浮かび上がっている。

その例として、特別支援教育の現場から次の報告があった。

＊実は特別支援学級に限定すると、この10年間で全国で在籍者数が2倍以上に膨れています。特に自閉症・情緒学級の増加が著しいです。勤務する地域もそうです。これは通常の学級でトラブルを起こしてしまう子どもが増えた結果だとも言えます。（第2章より）

この報告は、何を意味しているのだろうか、また特別支援学校・学級の子ども数の激増は何だろうか、解せない。もし万一、平均点競争にマイナスになる「成績のよくない子」や「不安定な子」を平均点算出に関係する普通学級から外に出す傾向が、近年全国的に広がっているのであれば、と心配になる。もちろん、特別支援教育でていねいな指導を受けられることそれ自体は問題ではないが。

(2) 教師たちに及ぼす悪影響と教育破壊的作用

①年間を通じた過重労働、4月の超多忙

教師の多忙は、中学教師の勤務時間がＯＥＣＤ諸国で最長など、この30年間で悪化が止まらない。その要因は数多いが、全国・地方の学力調査の悉皆実施が要因の相当部分を占めることがここで明らかになっている。

＊担任にとって平均点が全国より高いかのプレッシャーは大きい。少人数の学校や支援の必要な子どもが多い学級は平均点を越えるのは困難。状況が考慮されず平均点の上下だけで判断されるのは相当プレッシャー（全教調査　２０１８年より）。

この報告では、国・自治体での学力調査悉皆実施が教師たちに長時間の過重労働による大きなプレッシャーを与えている。それらが長年問題になっているのに、一向に解決に向かわないのはなぜなのか、国の政策当事者には現実直視を促したい。

また全国学力調査悉皆実施さえなければ、教師が時間

的にも精神的にも解放されることを示す報告も複数あった。文科省・文科大臣は「全国学力調査悉皆実施」の悪影響を認識して、直ちに見直してほしい。

②過去問練習にはまる

本書で多数回出ているので繰り返しになるが、たとえば高知県の公立小学校教師の手記では、

＊そのテストをめぐって「過去問」の取り組みや、「調査」の点が上がったり下がったりすることに一喜一憂せざるをえない状況にある自分たちの姿に対して怒っている。（第1章より）

過去問練習が子どもの認識の向上や学力獲得に何の意味もない・間違っていると思いながら、点数上昇の「囚われ」に追い込まれている。それを仕掛けかつ13年間維持している文科省の罪深さをみんなで共通認識にして、当局者に猛省を迫りたい。

③給料にリンクした場合、実践者も過去問練習に。平均点さえよければやっているように見える

関西の状況が次のように整理されている。

＊昨年のチャレンジテストの成績で学校の評定平均値が決められ、それに従わないといけないというのは本末転倒だ。大阪は人事評価が給料に直結するので「学力調査」結果というものが見えない圧力として存在していると言える。（第3章より）

給与と直結すれば、担当学級の点数が良い場合（実践の他の面はどうでも）「やっている感」が出る。すると教育実践に熱意ある教師も過去問練習に手を出すことになる。学力調査平均点を教員給与に反映させるというようなことはやめさせよう、と編者三人で話した。

④教育専門職者の矜りを奪われ、熱意もなえる

右の①・②・③は、ついには教師の内面倫理の核と思われる「専門職者としての矜持」を奪うことになる。

大阪の公立中学校教師は、手記に記している。

＊テストを中心に授業が行われていると言っても過言ではない状況であった。「自分はテストでいい点をとらせるために教師になったのか、絶対にそうではないはずだ。しかし、生徒の将来に影響するテストの存在を無視することはできない」と自問自答を繰り返す1年であった。生徒のことを思う真面目な教師ほどテスト対策を必死に行い、それが生徒を追い詰めることになる。そして、教員もやりがいを失っていくという状況

を目の当たりにした。（第2章より）
ここに学力調査の点数上昇に追い込まれる教師たち、教師魂とやりがいを失う教師の様子と、それを「生徒を追いつめてはいないか」「こんな教師でいいのか」と問う教師の姿が浮かび上がっている。そういう問いかけを、日本の小・中学校教師のみなさんと共有したい。

(3) 学校文化・学校風土に与える悪い影響

学校スタッフで人数も多く、授業と生活指導を担う教師たちが(2)の状態にあれば、学校が持つ文化的雰囲気も変質するだろう。たとえば、第1章の高知からの報告で、全国学力調査の前日の雰囲気が記述されている。

またある校長の逸話を紹介する箇所では、校長によって学校の雰囲気が変わっている。校長権限強化は学校管理規則改訂の問題だが、学力調査悉皆実施とその過去問練習が、学校の管理職と教師たちの関係に亀裂を生んでいる。保護者と学校スタッフの良き関係にもヒビを入れている、そしてその校長によって学校文化が変質する、それが悲しい。

また全国学力調査の前日のものものしさ・恭しさは、戦前の教育勅語・御真影の学校を彷彿させている。それがまた教職員に過重な労働を強いている。それだけの意味が全国学力調査にあるのかが問われている。

(4) 地方教育行政当局に与える悪影響

全国と都道府県の学力調査悉皆実施は、地方行政当局がその地域の学校教育に真っ当な責任をもつ姿勢を歪めていることも明らかになっている。都道府県や区市町村の独自調査の実施が、全国学力調査の平均点上昇を目指すとすれば、すでに歪んでいる。

① 「学力向上」という名の平均点数上昇にはまる

府県教委や区市町村はどこも「学力向上」を掲げて学力調査悉皆実施を正当化する。

また和歌山県の公立小学校教師の手記には、

＊平均点が低かった学校にはフォローアップとして退職教員が年10時間程度指導に入り、授業指導が行われる。フォローアップが負担になるので平均点をあげようと過去問題の指導が行われる。（第2章より）

ここには(2)(3)で教師・学校が平均点上昇の強迫にはまるのは、府県・市町村の教委の施策・指導が背景にあることが示されている。教師・学校が陥る以前に、自治体教委が平均点競争の罠にはまっている。文科省が仕掛けた競争の罠に陥った段階では被害者だった地方教委が、それを学校・教師に押しつけることで加害者に変身するメカニズムは第4章に詳しい。

②学校・教師に迫りおどす体質が広がる

たとえば第3章には、国立大学附属学校の教師の報告では「全国平均より低い理由を説明せよ」と聞かれ、質問者の納得する回答がないと何度も恫喝的質問に苦しめられたという。

埼玉教組からの報告にある「現場からの声」には、

＊子どもには経年の「学力の変化」であっても、教員集団には学習指導力の比較をするものとなっている。／4月10日に（入間）地域テスト、11日に県学調（小4以上中3まで）、18日に全国学力・学習状況調査（小6、中3）というように4月当初にテストが連続する。

埼玉の県学力調査は、経年比較が可能という意味でだけは進んでいるが、その調査理論ではサンプル調査で悉皆式は筋違いである。それを強要して細かい点数比較を示すなど考えられない愚策である。

右の①②の報告は、教師・学校への加害者に変身した地方教育委員会の対応が、組織的なパワハラになっていることを示している。それで教育委員会として、市内の子ども・教職員・学校・保護者に対する責任が果たせるのだろうか。

(5) 文科省学力調査担当者が陥っている呪縛と「画一化と競争が強め合う」メカニズム

第1章に次の記述がある。

＊都内のある小学校の「スタンダード」には、子どもの「学習の仕方の基礎・基本」として、筆箱の中には「Bか2B（4本）、赤鉛筆（1本）、白でにおいのないもの（多分消しゴムだろう―筆者）、四角い筆箱」と細かい。「挙手の仕方」として「肘を伸ばして挙手をする」「名前を呼ばれたら、ハイと返事をする」などが挙げられている。（第1章より）

スタンダードは、持ち物や姿勢・応答から、授業内容とその進め方にまで及ぶ。典型的な「画一化」である。それで「学力向上」に取り組んでいると思うのは錯覚である。じっさい10年間全国学力調査を繰り返してもPI

SAの結果向上はなかった。涙ぐましい努力で沖縄県の小6が最下位から脱出して全国6位になっても、同時期の別の学年は中3で最下位だったという結果が第2章で報告されている。文科省・文科大臣、同省の学力調査担当者には、眼を覚ましてほしいと考える。

(6) 階級・階層の格差について

全国学力調査への期待の一つが、学力格差とりわけ階層差から生じる格差とその背景や要因の解明である。巨費を投じてそれに応えていない。

大阪府の公立小学校教師は次の報告をしている。

*（チャレンジテストには）塾で学ぶ裕福な児童や元々優秀な児童以外は、太刀打ちできない。「学びの診断」の目的は児童の学習の課題を発見することだ。（第2章より）

ここで見えているのは、学力調査の悉皆実施が階層格差とその要因を明らかにしていないこと。階層差を背景にする子どもと学校の達成差を、教師・学校の努力・能力差に読み替える理不尽な評価尺度となっている。そういうメカニズムの認識が現場から提出されているのであるから、国・自治体の教育当局は、悉皆式学力調査の無能と有害性をここでも明確に認識してほしい。

2　2020年度の「全国学力・学習状況調査」がなかったことが結果的にもたらしたもの

1節では「どれほど悪く・酷いか」をまとめた。ところがコロナ感染症という危機の発生で「全国学力・学習状況調査」が中止された2020年度に、新しい事態が起こった。「よかった」という声がいくつもあった。

(1) 4月の「追いまくられる超過密」がなかった

① 学力調査の平均点強迫から解放されて

4月に恒例だった全国学力調査がなかった2020年の「4月」はどうだったか。

東京で地域の教組役員をしている小学校教師は、

*中学の先生は「私が初めて先生になって授業をしたのは分散での少人数授業で18人の生徒……声掛けもできて落ち着いて授業ができてよかったです。去年まで不登校気味だったと聞いていた生徒もこれがきっかけで登校する回数が増え……小学校の若い先生……「授業

そのものは人数が少なく、目が行き届き、個別に指導しやすくなっています。」と書かれていました。（第2章より）

ここから見えてくるのは、学力調査悉皆実施による圧迫から解放された教師たちの姿である。そしてその調査がなくても何も困らなかった学校現場の様子である。

②「ゆったり学ぶ子どもたち」「ゆっくり授業準備ができた教師たち」がいた

学校にはゆとりが必要である、子どもにとっても教師にとっても。この2020年は、偶然ながらそれが生まれた。

＊一斉学力調査がなくなって――一斉学力調査が実施されないことによって忙しい新学期に、子どもとの関係づくりや大切な課題にじっくり取り組めること、意味のない対策（過去問題集の反復練習等）に苦労しなくていい、これまで学校で指導していない内容の難しい試験問題に、子どもが苦しまなくてもよい。（第3章より）

京都府からの報告では学力調査の無いことによる子どもと教師のゆとりがそこにあった。どの報告もそこに「教師の喜び」が表現されている。

(2) 苦労・工夫した手探り感がもたらしたやりがい

①コロナ禍の中の子ども・保護者・教師

大阪の中学校教師は次の報告をしている。

＊8月に1学期の期末懇談会を行った。そこで驚いたことと……多くの保護者が「子どもが元気だったらそれでいいです。」「今までは、テストの点数をとってくれることばかりを願っていたけれど、コロナをきっかけに……今は子どもが幸せでいてくれたら十分です。」「とにかく、毎日、楽しく笑っていてくれたらそれでいいです。」とおっしゃっていたことだ。今まで懇談会では成績表を前に保護者がわが子に苦情を言う。進路への不安を口にする……が、今回は違っていたのだ。（第2章より）

この中学教師は、1学期末の学級懇談会での保護者たちの発言への新鮮な驚きを述べている。そこには、未曾有のコロナ禍での新しい姿が表れている。

②コロナ禍・再開後の学校で教師集団で初めてのことに対処した

兵庫県の公立小学校教師は、次の報告をしている。

＊休校中、教師たちが一番に心配していたのは、学校がないと困る子どもたちの生活だった。「ちゃんと食べ

ているのか？」「寝ているのか？」「困っていることはないか？」「元気でいてほしい。早く会いたい」と願った。／再開された学校は、感染防止のための分散登校で、机も前向きで一つひとつ離した。／子どもたちは、消毒液の臭いのする教室で、マスクをつけ、手を洗って、静かに座っていた。／それは丁寧で柔らかい教室だった。宿題の確認もしたが、できていないことを責めるのではなく、できていない部分はゆっくりと教える学級だった。教師の指差しや励ましのまなざしの中で、子どもたちはいつもより頑張って学習に取り組めた。（第2章より）

コロナ禍と再開後の学校では、子どもと教師が経験のない、だから従来の細かすぎる上からの指示がない学級と授業と学校を体験している。そこで自分たちが学校の主人公であることを実感するような活動・雰囲気をともにしている様子が伝わってくる。

3　教師専門職の願いと働きかたをとり戻す

(1)「学力向上」の囚われを取り払うのは今年

右の1・2節を踏まえて、教育専門職者である教師の働き方と教師倫理をとり戻す道を考える。

①子どもたちの願い・思いに応えたい

右の思いは、教師であれば誰でも持っている。それが学力調査悉皆実施で抑圧・はく奪されてきたという手記や語りが10を超えてあった。

高知県からの次の報告がある。

＊ある小学校で校長が「教育長から、過去の問題なども使って指導するように、といわれているから」と職員会で指示を出した。職員は「そんなみっともないことはできない、撤回してほしい」と要求したところ、翌日校長を通じて撤回されたということがあった。国会でも、事前の取り組みについては取り上げられ、文科大臣は「趣旨に反している」と答弁している。（第1章より）

そうなのである。文科省は「事前準備」「区市町村・各学校の平均点公表による競争」を趣旨に反すると公式に批判・否定している。だとすれば「子どもの願いに応えたい」という教師の良心を、真っ直ぐに正当に表明し主張する、それに何の遠慮も必要ないのである。「授業づくり・学級づくり」を教師は、目指しているに違いないと思う。その初心を、これまでのさまざまな行きがかりを越えて教師個人が、教師集団が、学校教員層がとり戻す、今がその時と考える。

②無意味とわかっている過去問練習の罠、「ドーピング」の闇から抜け出そう

過去問練習が「学力調査平均点上昇」対策で、教育的には無意味・有害と多くの教師が思っている。でも手を染めざるをえない。そこから何とか抜け出したい。

滋賀県の組合リーダーでもあるベテラン教師は、その組合の学力調査に対するアンケートに、

＊「平均点にふりまわされる」「授業返上で対策問題を熱心に行い、結果が全国上位だと自慢している学校があり、『ドービング』と呼ばれている」などの報告がされている。こうした事態が２０２０年にはなかったということだ。（第3章より）

ここから抜け出すのに必要なことは何か。「学力向上」が実施の口実でしかない。また、それは平均点上昇競争にしかならない。この二点への気づき・認識が基礎になるのではないか。一人の気づきを他者とともにすることが大事では。そしてマジック・罠の根源である全国と地域の「学力調査悉皆実施」をやめさせることが、本当の解決策であると思う。

(2) 年間を通したPDCAを回されるのはもうごめん

学校・自治体教委が4月の調査実施から、7月の結果の公表・通知、その結果と改善策の検討、改善の実行、という年間のＰＤＣＡ［Plan（計画）・Do（実行）・Check（評価）・Action（改善）］を回して、繰り返す。こうしてみると第2章「報告12」の年間スケジュールにあるように、学校教育活動が「悉皆式学力調査の準備・実施・結果検討・改善実行」に1年を通して支配されていることがわかる。

大阪府の公立小学校教師は、次の報告をしている。

＊今のチャレンジテストの仕組みは（本物の）学力をつけるためではなく、知識と技能で児童と教師を順位付けるための機能になって――点数主義の価値観を学ば

せてしまっているのではないだろうか。／コロナ禍で時間がない中でも、今年も学びの診断・チャレンジテストは実施される。この対策に時間を割くことは、本当に今必要なの？　そう思っても、対策しないという選択肢が教師にはないことが、とても苦しい。（第2章より）

教育専門職らしい働き方と子どもたちの願い・必要に応える実践を、その逆の性格のものにしている全国・自治体の学力調査悉皆実施とそれが生み出すＰＤＣＡサイクルに振り回されるのはもうごめんだ、多くの教師たちの思いである。もっと自分たちで知恵を出し合い工夫して年間スケジュールを立て、子どもの成長・発達につながる仕事がしたい。子どもたちに意味ある教育活動ができる日本の学校をとり戻したい。そこに「教育者の良心と矜持」を教師たちの手に取り戻すという課題も伴っている。「日本教育の良心」（『教育』戦後創刊号、１９５１年11月）を、それを支える教師たちの教育専門職者の倫理と矜持の再建として取り戻したい。

4　専門家委員会の独立性と公開性の確保

なに一つの成果もなく害悪ばかり多く酷い施策が10年も続いたのかに関して、これに協力・参与した学者・専門家たちが果たす役割という問題がある。じっさい東電福島原発事故に関連して、原子力規制委員会が話題になった。また、コロナ禍での「専門家会議」の役割が国民に身近な話題になった。

この点に関して、前原子力規制委員長の田中俊一さんはインタビューに応えて語る。専門家が参加する組織の理念は「独立性」と「公開性」が重要である。「完全にオープンに」であれば、独立性が担保でき、「専門家会合もすべてオープン」であれば「専門家が緊張感（＝無責任な発言はできない）」を持つ。「政治家も無視できない」と話している。完全オープンには、傍聴可能も含むだろう。オープンの即時性があって専門家の緊張と責任が高く、政治家もその政策形成で無視できないという作用が生きるだろう。

たとえば２００７年の悉皆式学力調査の43年振り導入の前後の４年間に存在した「全国学力・学習状況調査の

分析・活用の推進に関する専門家検討会議」があった。それは、その委員発言を含めて記録が残っているが、その傍聴制もなく議事録公開も即時ではない。今日も「全国的な学力調査に関する専門家会議」は存在し、「議事要旨」も公開されているが、それは遅れてであって国民的議論を共にするという立場がそこにはない。そういう性格は前原子力規制委員長が痛恨の反省とともに語る「独立性担保」と「完全にオープン」にはほど遠い（『朝日新聞』２０２０年8月20日朝刊。デジタル版 https://digital.asahi.com/articles/DA3S14592069.html?iref=pc_ss_date〔２０２０年10月20日最終閲覧〕）。

「独立性」と「公開性」は、教育関係の国と地方自治体の専門家委員会の性格における焦点となる。中教審などの教育関係の審議会・専門家委員会もそうだろう。この点で教育界には「あきらめ」の気分があった。しかし２０２０年に新型コロナ感染症の専門家委員会をめぐってその種の組織への国民的関心が高まった。学術会議の委員人事への菅政権の介入が問題化している。この時だからこそ問題点が見えてきた。専門家の国の組織内での役割が国民的に問われている。

5　「抽出式で3年に一度」の際に検討する課題

本書の全体で訴えてきた「全国学力調査の悉皆式から抽出式へ」を主張する以上、そこではその転換が実現した場合に「こういう妥当な学力調査を」という構想が必要になる。その際は、「サンプリング」を的確に行うこと「専門家、教師、行政官、（保護者）」の知恵と協力を集めることが課題となる。

第1章には、次の主張がある。

＊「全国学力調査」は、その名の通り「調査」であり、調査そのものが目的ではないということを改めて確認することが必要である。そして、その目的は、当初の狙いにあったように、教育施策の検証と改善に役立てること、……3年に一度「抽出による調査」に変更することこそが最も有効である。（第1章より）

第3章には、京都府の小学校教師の質問紙回答があり、次のように主張していた。

＊そもそも「調査」によって、都道府県の平均点を公表している時点で、調査の目的から逸脱している、各自治体の競争をあおっているだけである。抽出調査すら

いらない。

第5章には、学力調査の戦後史を見た教訓として、次のように書かれている。

＊工夫した無作為抽出さえ行えば、かなりの精度で（＝誤差の幅の少なく）母集団（全体）の状況を推定できる。学校が選ばれた場合、どこが選ばれたかはごく少数の調査者と当該学校しか知らず、関係者の利害関係には関わらない。さらに子どもたちの解答・回答も外には出ない。必要な「学習状況」やその「生活状況との関連」を解明する工夫された問題や質問を行うことも可能である。（第5章より）

これまで一部には「学テ全廃」の主張もあった。たとえば1960年代の日教組がそうである。しかし、それはややラディカルだった。京都府・小学校教師の声は、それと同じではない。第3章掲載の全文を読めば「悉皆調査が調査目的から逸脱している」から「抽出調査すらいらない」と主張している。だから、状況把握とそれに基づく反省と改善につながる「目的に合った抽出調査」であれば、反対しないと読みとれる。

全国・自治体の現場に負担を掛けない「数年に一度の抽出式学力調査」には、そのデータをどう生かすかが問われている。それは、個々の教師・各学校・各自治体・文科省のいずれにも問われている。つまりそれぞれの立場でどう活用するかである。

その際文科省に問われている大事なことが二点ある。

第一は無作為抽出（ランダム・サンプリング）をどう行うかである。調査の専門理論になるのでここで深入りしない。第5章で見たように国の抽出式調査の実施時期には妥当なサンプル抽出が行われていた。学校現場に負担を掛けない意味では、1～数％で十分である。サンプリングを工夫すれば、妥当な調査が可能である。

第二に重要なのは「企画・実施委員会」をどのように組織するかである。どういうメンバーを集めるか。教育研究・評価研究・社会調査・統計学といった諸分野の専門家が加わることが必要で、また現場教師、教職員組合、教育行政担当者も参加するべきである。そういう知恵が集まったところで周知に基づく、サンプリングと調査目的、さらに問題作成・質問紙作成が検討され、予備調査が行われることになる。これは調査過程の始まりに過ぎないが、その前提としてより重要なのが、4節で述べた「企画・実施委員会」の「独立性確保」と「徹底した公開性」である。

全国学力調査悉皆実施の擁護者が「目の前の子どもの指導資料が必要」と言うが、それは口実に過ぎない。本書を通じて、またこの「結び」でも明らかにしたように、「指導資料が必要との口実」は、子ども・教師・学校・自治体を競争に巻き込み、異様に苦しめている。それでいて巨費に見合う成果は何もあげていない。だから、それを行い続ける必要はない。

文科省の全国学力調査の担当者は、当然社会調査の基礎は学んでいるはずで「全国規模であれば、全数調査よりサンプル調査が適切」などは百も承知だろう。調査のための専門委員会に参加する学者・専門家のほとんどが「悉皆よりサンプルで」と考えているに違いない。であるのになぜ一次・二次安倍政権の10年間、悉皆式がなにつの成果（発見や学力向上）もなく巨費を使って続いて来たのかが、不思議である。その理由として考えられるのが、「一度始めたらやめられない」＝「官僚組織無謬神話」だと説明する研究者（川口俊明）がいる。それもなるほどと思う。また、学力習得状況の把握はつけ足しで、「競争誘発」と「教育内容の国家統制」が調査の真の目的である、という1960年代学テの分析（藤岡貞彦）がある。その説が正しいとすれば、「全国学力・学習調査」の13年間は、状況把握の目的では大失敗で悪影響は甚大であるが、真の目的・狙いでは大成功ということになる。

しかし現実を見ると、競争強化と統制はできたが、子どもたちに学習嫌いが増え、教師・学校が教育力や教育への熱意を喪失している。「競争と統制」を狙った勢力やそれを当初支持した人たちも「これはまずい」と思っているに違いない。そうであればみなさん、今すぐやめよう、全国学力調査の悉皆実施を。

そして、抽出式学力調査を行うとすればどんな目的でどのようにやって行くかの真摯な検討を、現場と関係者と専門家の幅広い知恵を集めて、始めよう。

おわりに

「緊急」な本づくりの呼びかけにもかかわらず、たくさんの方から原稿を寄せていただきました。まずもって、そのことに心よりお礼を申し上げます。また、緊急本づくりという無理難題にもかかわらず快く引き受けてくださった学文社と担当していただいた落合絵理さんはじめ関係者のみなさまには一方ならぬお世話になりました。紙面には表しきれない思いを込めお礼申し上げます。

２００７年から始まった「全国学力調査」は、いつの間にか10年を経過し、それどころか15年に近づいていています。学校現場では一つの「風景」になっているかのようにも見えます。しかしながら、今回寄せられた声に耳を澄ますならば、決して「風景」として流してしまうわけにはいかないものがあります。私たちは寄せられた原稿を読ませていただくとともに、いくつかの聞き取り調査を行いました。その中で「沈殿」という言葉を何人かから聞きました。「おかしなことが沈殿している」「不満が沈殿している」などなどです。この実態が本当であるのなら、かなり深刻な状況になっているのではないか。「緊急」という意味はここにあります。また、今回教えていただいた中に、「未受験者」がかなりいるのではないかという指摘がありました。改めてことの重大さを感じています。早急に全国的な実態調査が行われることが求められています。

この本は、すでにお読みになって感じられていることと思いますが、単に学校現場の大変さを告発することに終わっているものではありません。今年は、世紀の一大事である「コロナ禍」の中で、どのようにすれば子どもたちの命を守ることができるのか、どのようにすれば学習する楽しさを味わうことができるのか、人のやさしさや慈しみを感じあうことができるのかが学校現場に問われていましたし、現在進行形でもあります。寄せられた声には、学校現場の中で、どこから命じられるでもなく、まさに手探りで学校生活をつくっていった教職員の皆さんのたくましさが物語られています。この二つのコントラストの中で私たちは教師の仕事とは何なのか、その専門性とはどういうことなのかを考えさせられています。

「教師」の「師」とは何か。面白いことに「ペテン師」も同じ「師」が使われており、思わず笑ってしまいますが、ペテン師は騙すことをするわけです。客は「騙された」といって怒ったり嘆いたりします。しかし、「騙される」とはどういうことでしょうか。よくよく考えてみると、それは「その気にさせられる」ということであり、いや、言い訳がましく言ってはいけません「その気になった」ということです。教師は、もちろん騙すことは（あまり）しません。学問や文化を目の前の子どもたちにどのように獲得させればいいのか、まさに手探りで分かち伝えるということをしているのです。その中で、子どもたちは「なぜ」という疑問とともに反応し「なぜ」を解決しようと「その気になり」、学びのエンジンを回し始めるのです。「師」には集団のリーダーのような意味合いもあることを考えると、ときに子どもたちの世界に入りリーダーとなり手本を示し「その気にさせる」こともするでしょう。また、落ち込んでいる子どもの居場所になりじっと回復をまつこともするのでしょう。

「本校の子どもの学力の状況を見るためには悉皆でなければ」という言い方がよくされます。しかし、それは、全国的な調査と目の前の子どもたちの課題克服の取り組みを混同させているように思います。全国的な調査は、あくまで全体的な傾向を見るためのものです。そして、そのことを参考にしながら、目の前の子どもたちの課題を見つけ、その克服のための取り組みをするのは、その学校の先生方と職員の方々の仕事なのです。

学校、特に教師は「全国学力調査」が「毎年」「悉皆」で行われることで、また、付随する「スタンダード」や「めざせ最下位脱出」「めざせ平均点以上」というスローガン等、さまざまな仕掛けにより、その「専門性」を発揮することができなくなっています。それは「全国学力調査」が問題というよりも、それが「毎年」「悉皆」で行われているところに問題があるのです。

ちなみに、それでも、どうしても本校は同じ「調査内容」をやって、状況を見てみたいというのであれば、職員会で十分話し合って手をあげてやってみることは、意味があるかないかや、派生する問題があるかないかは別にして、技術的には可能ではないかと思います。いずれにしましても、「全国学力調査」が3年に一度程度、「サンプル調査」で行われるようになれば、より正確なデータが得られます。そして、学校では、実にきめ細かい指導が行われるようになることは今年の状況を見れば実証済みです。

先生方の専門性が十分発揮され、子どもたちも学ぶ意欲にあふれる授業づくり・学校づくりを始めませんか。「全国学力調査」を「3年に一度程度」「抽出」にすることで始まる授業づくり・学校づくりを始めませんか。この本が、その話し合いを始めるきっかけになればと思っています。いうまでもなくこのことは、学校だけの問題ではありません。保護者の皆さんをはじめ、子どもと教育に係る地域の方々、さらに教育委員会や議会でも語り合われることを心より願っています。

2020年12月

濵田　郁夫

執筆者紹介

（＊は編者、執筆順）

＊吉益　敏文（よします　としふみ）（はじめに、第2章、第3章、結び）
１９５２年京都府生まれ。豊岡短期大学教員。武庫川臨床教育学会理事・事務局長。教育科学研究会副委員長。

＊濵田　郁夫（はまだ　いくお）（第１章、第2章、結び、おわりに）
１９５９年高知県生まれ。教育科学研究会全国委員。元 公立中学校教員。

＊久冨　善之（くどみ　よしゆき）（第2章、第４章、結び）
１９４６年福岡県生まれ。一橋大学名誉教授。専門は教育社会学、教育調査、競争論。著書に『日本の教師』（新日本出版社、２０１７年）など。

友田　政義（ともだ　まさよし）（第5章）
元 私立大学非常勤講師。専門は、戦後教育史研究。

子安　潤（こやす　じゅん）（特別寄稿）
中部大学・現代教育学部教授。専門は、教育方法学研究。

本田伊克（ほんだ　よしかつ）（第６章）
宮城教育大学大学院・教育学研究科教授。専門は、教育課程論。

＊教育科学研究会
略称・教科研。教育の現場（学校や園、家庭や地域）で起こっている現実を見据えながら、子どもの未来と教育のあり方について、教職員、保護者、指導者、学生、研究者などがともに考え合い、実践・研究しあう自主的民間団体。１９３７年結成。１９５２年再建。雑誌『教育』は、教科研が編集する月刊の民間教育誌。https://kyoukaken.jp/

検証・全国学力調査
――悉皆式を止め、抽出式で３年に一度で

2021年１月25日　第一版第一刷発行

編者　吉益敏文・濵田郁夫・久冨善之・教育科学研究会©

発行者　田中　千津子
発行所　株式会社　学文社
〒153-0064　東京都目黒区下目黒3-6-1
電話　03（3715）1501（代）
FAX　03（3715）2012
https://www.gakubunsha.com

Printed in Japan
印刷　新灯印刷
乱丁・落丁の場合は本社でお取替えします。
定価は売上カード，カバーに表示。

ISBN 978-4-7620-3050-5